Das Brot für die Welt

Zum Geheimnis der Eucharistie

Klaus P. Fischer

Impressum:	**Das Brot für die Welt** Zum Geheimnis der Eucharistie von Klaus P. Fischer
	1. Auflage vom 20. Juli 2019
ISBN-Nr.	978-3-9454-6213-3
(Hrsg.) V.i.S.P:	Adlerstein Verlag Hans-Jürgen Sträter Wacholderstr. 26 26639 Wiesmoor
Tel.:	04944-5815
Email:	kontakt @ adlerstein.de
Internet:	www.adlerstein-verlag.de
Herstellung:	Books on Demand, Norderstedt
Coverfoto:	Hasan Abbarah „Unser Brot“ (nach einer Idee von Hans-Jürgen Sträter)

Wir hören dich fragen:
Was wollt ihr hier
beim Mahle?
Was sollen
wir wollen?
Dich, Herr.
Wir fragen: Wo wohnst du?
Dich fasst doch kein Kelch,
keine Schale.

Du sagst: Kommt, esset, dann seht
ihr und wisst,
dass euer Glaube, wo immer ihr geht
und leidet und liebt,
meine Wohnung ist.
Darin bleibt ihr
in mir.

(Silja Walter, zu Joh 1,38-39)

VORWORT

Eine alte, pastorale Grundregel offizieller Kreise in der katholischen Kirche besagt, es gelte alles zu vermeiden, ja zu verhindern, was die Gläubigen verwirren könne.

Dieser bewährten Regel zuwider werden die Katholiken seit einiger Zeit von verwirrenden Nachrichten heimgesucht. Fast fünfzig Jahre nach der Liturgie-Reform des II. Vatikanischen Konzils wird die „alte Messe", d.h. die vorkonziliare Messform – in den Augen von Traditionalisten „die Messe aller Zeiten" – , gegen den Widerstand auch vieler Bischöfe wieder zugelassen, mit der Maßgabe, diese „alte Messe" neben der „neuen Messe" hochzuhalten und im Bewusstsein der Gläubigen als gleichwertige, obschon bloß „außerordentliche", Feierform zu verankern.

Das mit diesem 'Toleranz-Edikt` einhergehende Problem liegt (wie der grimmige Widerstand von Traditionalisten zeigt) darin, dass bedeutsame Einsichten der Theologen und Liturgiker, durch biblisch-urkirchliche und ökumenische Studien befördert, zu der vom Konzil beschlossenen, liturgischen Erneuerung geführt haben.

Die Liturgie-Reform verdankt sich also einem vertieften Glaubensverständnis. Für pastoral Erfahrene liegt es auf der Hand, dass mit der Zulassung der vorkonziliaren Form auch die damals zugunsten besserer Einsicht zurückgestellten, älteren Vorstellungen und Auffassungen über Inhalt und Zweck der hl. Messe wieder hochkommen und sich ausbreiten werden. In eine aus gutem Grund verlassene Form kann man nicht zurückkehren (wie in ein Kostüm), ohne den historisch ihr zugehörigen Inhalt wieder mit aufzunehmen und weiter zu transportieren.

Verwirrung und Streit unter Gläubigen sind in diesem Rahmen leicht absehbar. Dies umso mehr, als das Echo von katholischen und auch evangelischen Teilnehmern an Vortrags- und Fortbildungsveranstaltungen des Verfassers über das Thema Eucharistie in den letzten Jahren gezeigt hat, dass die Unsicherheit der Christen in Bezug auf das Verständnis der Eucharistie beträchtlich und ihr erklärtes Bedürfnis nach tieferem Verständnis dessen, was man glaubt und glauben soll, überraschend hoch ist (jedoch von nicht wenigen Verantwortlichen immer wieder unterschätzt wird).

Der Verfasser möchte auf den folgenden Seiten zusammenfassen und weiteren Kreisen zugänglich machen, was in den oben genannten Vorträgen und Tagungen von den Teilnehmern als wesentlicher Erkenntnisgewinn auf dankbares Echo gestoßen ist. Eine Veröffentlichung in Buchform muss zwar bemüht sein, die wichtigste Fachliteratur zum Thema einzubeziehen. Der Haupttext ist jedoch allgemeinverständlich gehalten, verlangt freilich Geduld und Konzentration. Interessierte Leser, die keine Fachleute sind, brauchen über die erhebliche Anzahl der Anmerkungen nicht zu erschrecken. Sie sind sämtlich fachlich gehalten und können ohne Abstriche am Verständnis des Haupttextes übergangen werden.

Das gilt auch für die wenigen, ausgewiesenen Anmerkungen, die wegen ihrer Länge – aber in kleinerem Druckbild – in den Haupttext eingefügt sind.

Das II. Vatikanische Konzil nennt die Eucharistie „Quelle und Höhepunkt des ganzen christlichen Lebens“. Vielleicht wird dieser Kernsatz durch die Lektüre der nachfolgenden Darstellung deutlicher und durchsichtiger. Diese würde dann zu einer Hilfe dafür, sich in der erwähnten verwirrenden Situation zurechtzufinden.

Dem Verfasser liegt daran, die Leser darauf hinzuweisen, dass sich in der Eucharistie das zentrale „Geheimnis des Glaubens“ sowohl auftut wie verhüllt. Dieses wird nur von den „Augen des Glaubens“ geschaut und – wie Pascal mit älteren Vorgängern betont – vom liebenden Herzen berührt.

Die Eucharistie lässt sich in der Tiefe nur verstehen, wenn sie nicht bloß in Kirchenräumen begangen, sondern auch in Form und Inhalt der Lebensgestaltung von Christen übersetzt wird.

Hinweis: Bibelzitate sind, wo nicht anders angegeben, vom Verfasser übersetzt.

Heidelberg, am Fest des hl. Philipp Neri 2011
Der Verfasser

INHALT **Seite**

Einführung

Dem abendländischen Kulturkreis ist es eigentümlich, dass man sich mit gleichnishaft-symbolischer Sprache und Rede schwer tut. Typisch sind Redewendungen wie „Ich glaube nur, was ich sehe, was ich riechen, tasten, greifen kann“. Als real gilt die mit den Sinnen (Augen, Ohren ...) und ihnen entsprechenden Messinstrumenten zugängliche Welt. Dass es sich mit einer Sache anders verhalten kann, als Anschauung und Sinne sie bieten, geht den Menschen schwer ein. An manches Umdenken hat man sich oberflächlich gewöhnt, ohne es ganz zu glauben. Man denke an manche Erscheinungen der Natur, wie „Sonnen-Aufgang“ und „Sonnen-Untergang“.

Wir halten uns nach wie vor an den Sprachgebrauch (zB im Kalender, in Wetterprognosen), obwohl die Physik lehrt, die Sonne bewege sich nur scheinbar, es sei die – für uns nicht unmittelbar wahrnehmbare – Rotation unseres Planeten, welche den Eindruck von Sonnen-Aufgang und -Untergang erzeuge (daher verweigerte sich der ′gesunde Menschenverstand‵ früher schon dem Domherrn Kopernikus).

Und wenn die Astro-Fotografie etwa eine Farbaufnahme unserer Nachbar-Galaxie – des Andromeda-Nebels – bietet, wir aber dabei hören, wir sähen diese Galaxie nicht im heutigen Zustand, sondern in ihrem Zustand vor mehr als zwei Millionen Jahren (so lange sei ihr Licht zu uns unterwegs), so sträubt sich der ′Normalverbraucher‵ gegen diese Behauptung, mutet sie ihm doch zu, zu glauben, etwas, das man jetzt fotografieren könne, sei gar nicht jetzt, im Moment der Aufnahme, wirklich, ja es könne nicht ausgeschlossen werden, dass das Objekt heute, da wir das Foto betrachten, ganz anders aussehe, möglicherweise gar nicht mehr existiere.

Ähnliche Auffassungsschwierigkeiten haben die meisten Leute auch bei religiösen Themen, etwa mit der sogenannten „Wandlung“ in der hl. Messe – nämlich zu erfassen, wie jene Worte, die als „Wandlungs-Worte“ deklariert werden, zu verstehen seien.(1)

Seit dem frühen Mittelalter zeigten sich Theologen und Philosophen bemüht, zu ergründen, was sich ereigne, wenn der Priester (damals auf Latein) im Namen Jesu Christi über das Brot die Worte spricht „Das ist mein Leib“, über den Kelch „Das ist mein Blut“; wie dieser Wechsel der Subjekte und Bezeichnungen – Brot / Leib Christi; Kelch (Wein) / Blut – zu verstehen sei. Ist das eine „nur symbolische“, bildliche Redeweise – oder ist das Brot dann, d.h. nach dem Aussprechen der Worte, „real“ der Leib Christi, ist der Wein dann „real“ das Blut Christi? Wegen des „ist“ (lat. „est“) rang man sich, gegen alle Versuche einer symbolischen Auffassung, durch zu einer „realistischen“ Deutung. Auch wenn das Brot für die Sinne Brot bleibe und der Wein Wein, sei zu glauben, es handle sich „jetzt“ um Leib und Blut Christi „in Wirklichkeit“ – freilich unsichtbar, da ja für die Sinne nicht wahrnehmbar.

(1) Resümee dieser Zugangsprobleme bei *Hübner*, 188ff, u. *Schlink*, 594ff! *Flasch* zeigt auf, wie der Konflikt zwischen *Lanfrank* und *Berengar von Tours* im 11. Jh. um die Deutung der „Wandlung“ exemplarisch wurde für das Mittelalter und die davon geprägte Kirche: 83-94

Deshalb betonte im 13. Jahrhundert Thomas von Aquin im berühmten Lied „Pange, lingua“ (Preise, Zunge): durch das Wort („verbo“) werden wirkliches Brot zu Christi Fleisch, Wein zu seinem reinen Blut, auch wenn die Sinne hier versagen („si sensus deficit“/ „sensuum defectui“); der reine Glaube genüge („sola fides sufficit“), und der Glaube möge das für die Sinne ungreifbare Hinzukommende – Leib und Blut Christi – gewähren („praestet fides supplementum“).

Europäischer Verstand sagt also: dass die Brothostie zu Jesu wirklichem Leib usw. „verwandelt“ werde, lässt sich nicht beweisen, man kann es nur – oder muss es eben – glauben. Daraus nährt sich die verbreitete Vorstellung, glauben heiße, Unbeweisbares für wahr halten. Sagt nicht der Hebräerbrief etwas Ähnliches, wenn es heißt, Glaube (pístis) sei „Beweis“ oder „Rechenschaft“ (élenchos) über Dinge, die man nicht sieht (Hebr 11,1)?

Allerdings war für das Glaubens-Verständnis damit nicht allzuviel erreicht. Denn wie sollte man sich das Geschehen vorstellen? Da Brot und Wein in ihrer materiellen Beschaffenheit ja erhalten bleiben, sollte man vielleicht annehmen, dass Leib und Blut Christi unsichtbar ′unter‵ Brot und Wein oder ′neben‵ ihnen zu stehen kommen (so dachten Luther und viele andere)? Das aber hieße, vier Dinge (oder Substanzen) nebeneinander, in Parallele, anzunehmen: zwei sichtbare, zwei unsichtbare.

Das Problem lag darin, dass man Brot und Leib Christi sowie Wein und Blut Christi nebeneinander stellte und sich fragte, wie es möglich sei, dass das jeweils Zweite (Leib/Blut Christi) aus dem Ersten werde, das Sichtbare

(Brot, Wein) in das Unsichtbare (Leib, Blut Christi) übergehe oder sich wandle. Thomas von Aquin schlug vor, die „Wandlung“ meta-physisch zu deuten: Leib und Blut Christi wären wirklich hinter oder jenseits der physischen Dinge, und zwar (nach Art der aristotelischen Philosophie gedacht) als das übernatürliche „Wesen“ (griechisch: hypokeímenon, lateinisch: substantia) von Brot und Wein.

Durch die „Wandlung“ würden Leib und Blut Christi zum neuen „Wesen“, zu der nur dem Glauben fassbaren, übernatürlichen „Substanz“ (= Christus) von Brot und Wein. Die physischen Substanzen Brot und Wein würden durch die „Wandlung“ gleichsam degradiert zu bloßen „Akzidentien“, das heißt, zu bloß physischen, äußerlichen, nebensächlichen Eigenschaften der „wahren Substanz“ Leib und Blut Christi. So kam es zu einem neuen theologischen Begriff, nämlich „Transsubstantiation“: durch die „Wandlung“, veranlasst durch die Worte „Das ist mein Leib, mein Blut“, würden die physischen Substanzen Brot und Wein überwunden und zu bloß natürlichen Eigenschaften heruntergestuft, an die Stelle der Substanzen Brot und Wein träten nun die Substanzen Leib Christi und Blut Christi.

Weil man auf katholischer Seite den Eindruck hatte, die Theologen der Reformation würden die Realität der „Wandlung“ in Frage stellen und damit den Heilswert der Messfeier aushöhlen, formulierte das Trienter Konzil, der Vorgang der „Wandlung“ werde „sehr treffend“ (aptissime) „Transsubstantiation“ genannt, denn es gehe um die „wunderbare und einzigartige Wandlung (conversio) der ganzen Brotsubstanz und der ganzen Weinsubstanz in

Leib (corpus) und Blut [Christi], wobei selbstverständlich der Augenschein (species) von Brot und Wein erhalten bleibt" (Sess. XIII, can. 2).

Der Glaube suchte sich also an das Unvorstellbare zu gewöhnen, dass die Elemente Brot und Wein nach wie vor anwesend sind, dass sie jedoch von der „Wandlung" an unsichtbar, im tiefsten Inneren, nicht weniger real Leib und Blut Christi seien. Zwangsläufig aber wird mit dieser Deutung das Glaubensverständnis bei nicht wenigen Gläubigen ein Stück weit verdinglicht.

Kindlicher Glaube wollte sich vorstellen, wie Christi (unsichtbarer) Leib in der kleinen Hostie Platz finde. Kindern wurde häufig erklärt, nach dem Kommunionempfang bleibe Christus einige Minuten in der Seele, bis eben die Verdauung der Hostienscheibe abgeschlossen sei (s. Katechismus der Kath. Kirche Nr. 1377).
Fromme Phantasie und Erwartung, von der metaphysischen Erklärung eingeengt, forderten mehr, wollten den unsichtbaren Christus wenigstens gelegentlich schauen und harrten darauf, dass er – durch ein neues Wunder (so wie vor den Oster-Zeugen) – sich den Menschenaugen für einen Augenblick sichtbar mache (so machten da und dort Nachrichten von Hostien- und Blutwundern die Runde). Vielen Menschen fällt abstraktes, meta-physisches Denken schwer, sie begreifen nicht, dass mit der „Wandlung" Christus den „Akzidentien", d.h. den Kategorien von Raum und Zeit, entzogen ist, während das Sicht- und Greifbare eben Brot und Wein bilden (Thomas von Aquin(2):

(2) Summa theologiae III q. 76 a. 5

Christus ist im Sakrament keineswegs [nullo modo] örtlich [localiter] gegenwärtig).

Doch hat sich ein weiterer Nachteil dieser Deutung („Transsubstantiation“) eingestellt. Im Laufe der Jahrhunderte ist auch eine Wandlung des Begriffes „Substanz“ geschehen. Die Naturwissenschaft hat sich des ursprünglich metaphysischen Begriffes Substanz bemächtigt, und so versteht heute der Sprachgebrauch unter Substanz ein Stück Materie, einen nicht näher bestimmten Stoff, ein chemisches Präparat.
Der Bedeutungswandel zog unmerklich nach sich, dass man vielfach zu der Meinung kam, man habe es – nach der „Wandlung“ – mit der (freilich unsichtbaren: daher „trans“ = über, jenseits der Sinne) physischen Substanz von Leib und Blut Christi im Moment der Kreuzigung zu tun. Hier gelangte man zu teilweise abstrusen Vorstellungen und Folgerungen.

Um die Mitte des 20. Jahrhunderts stellten zumal holländische Theologen unter Hinweis auf die begrenzte Verwendbarkeit von Kategorien altgriechischer Philosophie in der Theologie neben den Begriff „Transsubstantiation“ ergänzend die Begriffe „Transfinalisation“ und „Transsignifikation“. Damit war die neue, zuvor nicht dagewesene („trans“) Zielsetzung und Bedeutungssetzung für Brot und Wein angesprochen, die mit der „Wandlung“ erreicht werde.

Der Blick richtete sich nicht mehr nur auf das gewandelte Ding`, sondern auf Sinn und Zweck des Vorgangs bzw der Handlung des Zelebranten für die gläubig feiernde Gemeinde.

Die neuen Termini zielten auf die Bedeutung, welche das als „Wandlung“ deklarierte Geschehen für die christliche Existenz gewinnt.(3)

Mit den oben genannten, neuen Begriffen versuchte die dogmatische Theologie einen Schritt, um neue Erkenntnisse der biblischen und historischen Theologie aufzunehmen. Denn die Wiederentdeckung der alttestamentlich-jüdischen, überhaupt der biblischen Welt, des realsymbolischen Denkens, des urkirchlichen Verständnisses der Eucharistie, im Verein mit betont personalem Denken, hat zu einer tiefgehenden Erneuerung des Verständnisses der Eucharistie geführt, die hilfreich ist, weil sie die Feier durchsichtig macht und gleichzeitig das christliche Lebenskonzept zwanglos aus ihrem Gehalt entspringen lässt. Freilich wird von manchen beklagt, die moderne Liturgiewissenschaft anerkenne nur das Alte als ursprungsgemäß-maßgeblich, nicht aber das im Mittelalter und vom Trienter Konzil Entwickelte. Es komme zu fragwürdigen Rekonstruktionen des Alten, welche „die lebendig gewachsene Liturgie auflösen“ würden.
In den Jahrzehnten nach dem 2. Vatikanischen Konzil (Liturgie-Reform) ist es verschiedentlich zu Missbräuchen bei liturgischen Handlungen, zumal bei der Messfeier, gekommen – Missbräuche von Seiten liturgisch unkundiger und strukturblinder Zelebranten, angesteckt von einem ′revoluzzerhaften` Geist.

(3) In der Enzyklika „Mysterium Fidei“ (von 1965) warnte Papst Paul VI., zugunsten der neuen Begriffe den vom Trienter Konzil sanktionierten Begriff „Transsubstantiation“ aufzugeben; neue Begriffe dürften nur im Einklang mit dem herkömmlichen Begriff gebraucht werden. Zu Thematik u. Hintergrund: *zB Schillebeeckx (1967), Semmelroth, Gerken, Hintzen*

Doch kommt man nicht umhin, die Erkenntnisse der Liturgiewissenschaft ernst zu nehmen und aufzugreifen, statt die Dinge beim vorkonziliaren Status quo zu belassen, als wäre dieser nicht mehr entwicklungsfähig. Man wird sehen, dass das Wunder – wie es der Glaube nennt – dadurch nicht kleiner, sondern größer wird.

Warum? Als der Apostel Paulus den korinthischen Christen Sinn und Bedeutung des „Herrenmahls" (1Kor 11,20) in Erinnerung ruft, leitet er seine Darlegung damit ein, dass er ihnen genau das „überliefert" habe, was er selbst „übernommen" hatte, und zwar „vom Herrn" (v 23). Darauf lässt er die bekannten Stiftungsworte folgen. Wesentlich muss also das Überlieferte, die Überlieferung von Anfang an sein.

Eine Kirche, die sich als Kirche auf eine 2000 Jahre alte Überlieferung (parádosis, traditio) beruft, kann nicht einfach voraussetzen, sie habe stets, unbezweifelbar, einzig und allein die Überlieferung nach Form, Sinn und Gehalt bewahrt. In Anbetracht der Menschen und des Menschlichen in ihr muss sie sich vielmehr immer wieder fragen, ob sie ungebrochen und zentral in der Überlieferung stehe oder ob sich Veränderungen, Deformationen, Vereinseitigungen und Missverständnisse eingedrängt haben, die den überlieferten Gehalt der Eucharistiefeier verdunkeln, entstellen, gar verfälschen.

Dieser Gefahr bewusst, betonten die Bischöfe am 2. Vatikanischen Konzil die Notwendigkeit „fortwährender Reform" der Kirche, „soweit sie menschliche und irdische Einrichtung ist" (Ökumenismusdekret Nr. 6).

Wer bedenkt, dass die Überlieferung von jeder Generation neu übernommen, verstanden, angewandt und gepflegt werden muss, wer andererseits auf die Umbrüche der Geschichte achtet, die Übersetzungen der Überlieferung in alle möglichen Sprachen und Kulturen, wer sich zudem klarmacht, wie schwer es Gläubigen beispielsweise fällt, Gottes Gnade Gnade sein zu lassen und sie nicht durch das Bedürfnis nach Gute-Werke-Frömmigkeit quasi zu suspendieren, wird verstehen, dass sich die Kirche auch immer wieder neu Rechenschaft geben muss, was die Überlieferung der Eucharistiefeier ist und will. Aus gegebenem Anlass beklagte etwa zur Reformationszeit das „Augsburger Bekenntnis“ (von 1530) die damals umgehende „schreckliche“ Lehre, Christus sei nur für die Erbsünde am Kreuz gestorben und habe „die Messe als Opfer für die anderen Sünden eingesetzt“ (Nr.24). Aus gutem Grund also haben die mehr als 2000 Bischöfe des 2. Vatikanischen Konzils sich mit ihren Fachleuten neu um die Grundlagen der kirchlichen Liturgie bemüht.

Wer sich freilich von katholischer Seite heute auf Formulierungen des Trienter Konzils beruft, darf diese nicht isoliert nehmen, als wären sie gleichsam in einem himmlischen Vakuum entstanden, sondern muss, um ihre Aussage richtig zu verstehen, berücksichtigen, auf welche reformatorische These und Kritik sie antworten. Das heißt, dass die Kritik der Reformatoren jeweils Teil der Konzilsaussage ist: diese ignoriert die Kritik nicht einfach, sondern sucht an ihr und gegen sie deutlich zu machen, was katholische bzw allgemeinchristliche Überlieferung sagt.

Wer also den reformatorischen Hintergrund der Trienter Konzilsaussagen ignoriert, unterlegt ihnen leicht eine andere, nicht die beabsichtigte Bedeutung. Anders gesagt: die Aussagen des Trienter Konzils sind nicht ohne weiteres einfach schon in sich selbst wahr; ihre Wahrheit erschließt sich vielmehr erst im zeitgeschichtlichen Kontext. Dieser macht die relative Einseitigkeit der Trienter Darstellung aus. Sie ist durch langwierig-geduldige theologische Bemühungen beider Seiten der folgenden Jahrhunderte im wesentlichen überwunden worden; sie haben zu vertiefenden Glaubensaussagen im 2. Vatikanischen Konzil geführt. Ihm zufolge wird – im Unterschied zum reformatorischen Kirchenverständnis – die Kirche als selbst sakramentale Größe, als Grund-Sakrament gesehen, als „allumfassendes Heilssakrament ..., d.h. Zeichen und Werkzeug für die innigste Vereinigung mit Gott wie für die Einheit der ganzen Menschheit“ (Konstitution Über die Kirche Nr.1. 48).

Von daher erkennt man heute in den Sakramenten, mit Vorzug in der Eucharistie, Heilshandlungen der Kirche, nämlich durch Glaube in Gott durch Christus gründende Heilshandlungen der Kirche(4) an und für die Teilnehmer und Empfänger. Durch sie und in ihnen kommuniziert Gott selbst durch Christus mit den Menschen, die sich ihm glaubend öffnen. Entsprechendes gilt für die Ursprungszeit christlicher Liturgie. Auch ihre Formen und Inhalte sind nicht zeit- und geschichtslos vom Himmel gefallen.

(4) Auf evangelischer Seite werden die Sakramente tendenziell auf die Person Jesu Christi selbst zurückgeführt und hat die Kirche eher äußerliche, funktionale, keine sakramentale Bedeutung.

1. Die Struktur

Die Stiftung der Eucharistiefeier erfolgte nach allen drei synoptischen Evangelisten innerhalb des letzten Passahmahles Jesu mit den Jüngern (Mk 14,12 Par).(5)
Demnach ist sie zunächst Teil dieses Mahles und bringt eine neue Deutung – oder, wenn man will, eine Erweiterung – des Passahmahles.

Nur das Johannesevangelium weicht hier ab und lässt Jesus nicht im Anschluss an das Passahmahl, sondern schon am Rüsttag zum Passahfest am Kreuz sterben (Joh 18,28; 19,14.36). Träfe die johanneische Angabe historisch zu, wäre das von den synoptischen Evangelien bezeugte Abschiedsmahl Jesu zwar kein Passahmahl, aber doch ein (Fest-)Mahl. Das Mahl – die Hauptmahlzeit war am Abend, daher auch die Rede vom „Abendmahl" – hatte jedoch eine feste Struktur. Auf sie weisen die Evangelisten hin, wenn es – jeweils vor den Deuteworten – heißt: Jesus „pries" oder „dankte".

Das wird auch erwähnt, als der Auferstandene mit den zwei Emmaus-Jüngern Mahl hielt: er sprach das Lobpreisgebet (Lk 24,30). Es handelt sich um ein rituelles Lob- oder Dankgebet (eulogía, eucharistía), wie es der gläubige jüdische Hausvater zu sprechen pflegt: „Gepriesen bist Du, Herr (JHWH) unser Gott, König der Welt, der Brot hervorgehen lässt aus der Erde!"(6)

(5) Zur Frage, ob Jesus mit den Jüngern ein Passahmahl hielt oder nur ein festliches Abschiedsmahl, bietet das NT historische Aspekte und solche der theologischen Deutung. Zur Problematik *Kahlefeld*, 41f; *Welker*, 57ff; *EKD*, 18-20; *Benedikt XVI.*, 126-134.
(6) Zitiert nach *Jeremias*, 103

Es ist auch Bestandteil der Erzählungen von der Speisung der 5000 (Mk 6,41 Par) bzw 4000 (Mk 8,7/ Mt 15,36), deren Formähnlichkeit mit dem eucharistischen Mahl immer wieder aufgefallen ist.(7)

Das Dankgebet über dem „Becher der Preisung" (später erweitert durch den Dank für den Exodus und den Bund) lautete: „Lasst uns ihn preisen, dem gehört, was wir gegessen haben. Gepriesen bist du, JHWH unser Gott, König der Welt, der die ganze Welt speist durch seine Güte. Gepriesen bist du, der uns als Erbteil gegeben hat das gute und weite Land!"(8)
Das Lob- und Dankgebet, an Gott den „Vater" gerichtet, bildet diesem Ursprung gemäß auch die Grundform des Abschiedsmahles Jesu und somit der Eucharistiefeier bis heute. So hat es schon die frühe Kirche verstanden.
Das älteste nachbiblische Eucharistiegebet findet sich in der wohl Anfang des 2. Jahrhunderts entstandenen Zwölfapostellehre (Did 9,1-10,6). Hier werden die uns geläufigen Deuteworte Jesu nicht wörtlich, jedoch dem Sinne nach zitiert: „Wir danken (*eucharistoũmen*) dir, Vater, für den heiligen Weinstock Davids, deines Knechtes, uns kundgemacht durch Jesus, deinen Knecht/Sohn (*paĩs*)"; dann zum Brotbrechen (*klásmata*):

(7) So ausdrücklich schon bei *Ambrosius: Luz,* 399. Was die Form-Ähnlichkeit zwischen den Speisungserzählungen und Jesu Abschiedsmahl angeht, ist mindestens festzustellen: „Die Übereinstimmungen wurzeln im jüdischen Tischzeremoniell", wozu das einleitende Segensgebet durch den Vorsitzenden gehört: *Gnilka*, 261. Auch die ökumenische Lima-Erklärung zur Eucharistie (von 1982) sieht diesen Bezug (I,1).
(8) Nach *Kahlefeld,* 45. Vgl. Didache, 10,3ab.- Das Unterlassen des Tischdanks wurde als „Raub" am Eigentum des Schöpfers empfunden (*Kahlefeld*, 19).

„Wir danken dir, unser Vater, für das Leben und die Erkenntnis, uns kundgetan durch Jesus, deinen Knecht/Sohn“ (9,2-3; Reihenfolge Kelch - Brot wie in 1Kor 10,16-17).

Nach dem Genuss/Empfang setzt die Danksagung (Eucharistie) wieder ein(9): „Wir danken dir, heiliger Vater ... Du Herr, Allmächtiger, hast alles geschaffen um deines Namens willen; Speise und Trank hast du den Menschen gegeben zum Genuss, damit sie Dir Dank sagen; uns [Christen] aber hast Du geschenkt geistliche Speise und Trank und ewiges Leben durch Deinen Knecht/Sohn“ (10,1.3). Hier wird zunächst das erste Motiv des o.g. jüdischen Preis-Dank- Gebetes aufgenommen, jedoch erweitert durch die Reflexion auf den Knecht/Sohn Jesus: „Uns hast Du geschenkt geistliche Speise und Trank und ewiges Leben durch Deinen Knecht/ Sohn“. Diese Reflexion auf Gottes Heilstat durch Jesus vertritt das frühere Gotteslob für die Gabe des Landes (nach der Befreiung aus ägyptischer Knechtung). (10) Gott wird dankend gepriesen für die Gabe des Knechtes/Sohnes Jesus, die die vorausgehende Gabe von Freiheit und Land (als deren Unterpfand) weiterführt und – für die räumlich verstreuten Christen – ersetzt. Dem dritten Teil des früheren Gebetes über dem Segensbecher – der Herr möge Israels, „Deines Volkes“, erbarmend gedenken, Jerusalems, des Zion – entspricht nun und bis heute das Gebet für die Kirche.(11)

(9) Es ist der Ort, wo nach der Tradition das Gebet über den „Segenskelch“ („Becher der Preisung“) gesprochen wird.

(10) Siehe *Jeremias*, 104; *Kahlefeld*, 45.Der Begriff „geistlich“ (pneumatisch) ist „Wesensbezeichnung“: *Theobald* 275.

(11) Z.B.: „Gedenke deiner Kirche auf der ganzen Erde und vollende dein Volk in der Liebe, vereint mit ...“ (Kanon II).

Halten wir fest: Wir haben hier vielleicht das älteste bekannte Eucharistiegebet vor uns, welches die (damals wohl im syrischen Raum) gefeierte Eucharistie bezeugt, jedoch – abweichend von Paulus und Evangelien – ohne ausdrückliche Nennung der Stiftungsworte Jesu auskommt.

Allerdings ist der volle christliche Glaube an Gottes Heilstat in Jesus im Text jener Danksagung enthalten und ausgesprochen. Das heißt, das in Jesu Deuteworten angezeigte Heil im Neuen Bund ist auch in der Didache-Eucharistie der Sache nach, in anderen Formulierungen, gegenwärtig.(12)

Wenig später bezeugt der Philosoph und Märtyrer Justin in Rom die Eucharistiefeier. Wesentlich ist, was er über die Form mitteilt: Der Vorsteher der Gemeinde sende über den herbei gebrachten Gaben Brot, (Misch-) Wein und Wasser Lob, Preis und Danksagung an den „Vater des Alls ... durch den Namen des Sohnes und des Heiligen Geistes", worauf – als Vollendung dieser Gebete – das anwesende Volk durch „Amen (= So geschehe es!)" zustimme. Das, „worüber die Danksagung gesprochen wurde", teilten alsdann die Diakone an die anwesenden Christen aus. Diese Speise werde – so fügt er an – „bei uns nunmehr Eucharistie genannt".(13)

(12) Mit dieser Begründung anerkannte *Papst Johannes Paul II.* durch Verlautbarung des „Päpstlichen Rates für die Förderung der Einheit der Christen" i. J. 2001 das uralte, ostsyrische Hochgebet von Addai und Mari, worin die Deute oder Einsetzungsworte fehlen, dennoch als gültig (zum Befremden römisch-katholischer Traditionalisten). Zu dieser Liturgie s. zB *Tyciak*, 81-85; *Power*, 84-86.
(13) Siehe *Jungmann* I, 29f.

So wird erkennbar: Der Form nach handelt es sich bei dieser Feier um ein ritualisiertes Mahl unter dem Schirm der Eucharistia, des Dank(sagungs-)Gebets an Gott,(14) woraus es seine Lebenskraft empfängt, gesprochen vom Vorsteher, durch Amen bekräftigt von der Gemeinde.

Etwa gleichzeitig mit Justin führt Klemens von Alexandria aus: „Das Opfer der Kirche besteht in dem von den heiligen Seelen wie Weihrauch aufsteigenden Gebetswort, wobei gleichzeitig mit dem Opfer auch die ganze Gott ergebene Gesinnung eingehüllt ist“.(15)

Sein Schüler Origenes bestätigt: „Wir opfern nicht“, das heißt: wir haben keinen Opferkult für Götter wie die anderen, „aber Gott gegenüber, der uns mit Wohltaten überhäuft hat“, erzeigten die Christen ihre Dankbarkeit: „Das Zeichen dieser Dankbarkeit gegen Gott ist das Brot, das man Eucharistie nennt“.(16) Bündig fasst diese Erkenntnis ein moderner Theologe zusammen: „Ist die Mitte des Herrenmahls der sich gebende Christus, so ist die angemessene Haltung ... die des Empfangenden, und die Grundstruktur ... ist die des Dankens“.(17)
Wo man sich darüber klar ist und sich zugleich entsinnt, dass die feierliche Danksagung seit der frühen Kirche, ja seit Jesus selbst der ursprüngliche, grundlegende Akt der Glaubensgemeinschaft zu Gott hin ist, so erfasst man die historischen Bemühungen um (quasi-) philosophische

(14) So zB auch *O. Casel*, 69; besonders betont auch bei *Welker*, 67f
(15) *Stromata* 7,7, hier zit. nach *Jungmann* I, 31
(16) Contra Celsum VIII, 57, zit. nach *Jungmann* I, 31
(17) *Schlink*, 491f. 502ff; einige dogmatische Differenzen kommen aus der Entfernung von dieser Grundstruktur (ebd).

Reflexion und begriffliche Analyse der eucharistischen Vorgänge als ein sekundäres Geschäft, das dazu neigt, aus dem existenziellen Glaubensakt heraus zu treten, sich seiner von einem außerhalb begründeten (zB philosophischen, oder physikalischen) Standpunkt aus zu vergewissern, was sich für die so Beschäftigten in der Folge nicht selten als Hindernis erweist, in den Glaubensakt wieder hinein zu kommen.

Der Glaubende erfährt sich selbst ja als angesprochen (persönlich ebenso wie als Glied der Gemeinde) durch die Spende-Worte des Spenders – Christus selbst – des eucharistischen Sakramentes („Dies mein Leib, mein Blut"). Er möchte verstehen, wer es ist, der ihn beschenkt, und was es ist, womit er beschenkt wird. Stellt der Glaubende jedoch Reflexionsfragen danach, ′wie das Ganze funktioniert‵, was mit dem Brot bzw dem Wein ′passiert‵, wenn bestimmte Worte rezitiert werden, dann befindet er sich außerhalb des Glaubensaktes und verliert Christus, der zu ihm in heilende und heiligende Beziehung treten will, aus dem Blick.

Es handelt sich um ein altes, kaum lösbares Problem: im Verhältnis von Glauben und Erkennen das Glauben als Grund zu behalten, der vom Erkennen erhellt wird, statt das Verhältnis nach der Erkenntnis hin aufzulösen, wo die Erkenntnis das Glauben ablöst und an dessen Stelle tritt. Die folgenden Darlegungen sehen sich als Bewegungen des Verstehen-wollens innerhalb der Grundbewegung des Glaubens selbst.

2. Art und Bedeutung des Opfers

2.1 Dankendes Gedenken

Man sieht (mit Klemens) in der Eucharistie also ein Opfer, doch ein Opfer sehr ungewöhnlicher Art. Unter Bezug auf den Propheten Maleachi 1,11.14 und das dort zitierte Gotteswort vom „reinen Opfer" nennt die Didache das sonntägliche Brotbrechen auch „Opfer" (*thysía*) und warnt vor Entweihung oder Verunreinigung des eucharistischen Opfers durch unversöhnliche Teilnehmer (Did 14).

Etwa zur gleichen Zeit betont Ignatius von Antiochia die Einheit der Gemeinde: „ein Fleisch unseres Herrn Jesus Christus, ein Kelch und ein Opfer-Altar (thysiastærion)". (18) „Man ist sich also von Anfang an dessen bewusst, dass in der Eucharistie nicht nur Dankgebete der Gemeinde zu Gott emporsteigen, sondern dass darin zugleich Gott eine Gabe dargebracht wird".(19)

Allerdings mit einem wichtigen Unterschied zum sonst bekannten Opferwesen: der Verfasser des (wohl nur wenig später entstandenen) Barnabasbriefes erklärt mit Blick auf die Kultkritik der Propheten Jesaja und Jeremia, Gott habe den früheren Opferkult „abgeschafft, damit das neue Gesetz unseres Herrn Jesus Christus ... keine von Menschen gemachte Opfergabe (*prosphorá*) enthalte" (c. 2,6).(20)

(18) An die Philadelphier c.4, zit. nach *J.A. Fischer*, 197
(19) *Jungmann* I, 33
(20) Zit nach *Lindemann - Paulsen*, 28f

In dem ein Jahrhundert später entstandenen, griechisch verfassten, als „Apostolische Überlieferung“ bekannten Eucharistiegebet (des römischen Priesters Hippolyt, Anfang 3. Jahrhundert) werden Jesu Stiftungsworte eigens genannt; sie sind Bestandteil des an „Gott“ gerichteten Dank-Gebetes, wie oben ausgeführt. Es ist ein Dankgebet an Gott, von der Gemeinde (stellvertretend vom Vorsteher) verrichtet „durch Deinen geliebten Knecht Jesus Christus“.

In Kurzform wird (ähnlich konzentriert wie im Apostolischen Glaubensbekenntnis) der Heilstaten Gottes gedacht, die in Christus münden, schließlich in jene Worthandlung, mit der er die Annahme seines Leidens einleitete: „Nehmet hin und esset! Das ist mein Leib, der für euch gebrochen wird ... Dies ist mein Blut, das für euch vergossen wird. Sooft ihr dies tut, tut es zu meinem Gedächtnis! Gedenkend also seines Todes und seiner Auferstehung bringen wir Dir das Brot und den Kelch dar, indem wir Dir Dank sagen, dass Du uns für würdig befunden hast, vor Dir zu stehen und Dir zu dienen. Und wir bitten Dich: sende Deinen Heiligen Geist auf diese Darbringung der Kirche!“(21)

Die Eucharistiefeier ist nach diesen Ausführungen ein Dienst (ministerium) vor Gott und an Gott. Der Dienst besteht in der dankenden Darbringung (oblatio) von Brot und Kelch (Wein) als Gedenken des Todes und der Auferstehung Jesu Christi. Indem man dankend darbringt, gedenkt man auch des Todes und der Auferstehung Jesu.

(21) Deutsche Übersetzung hier nach *Dassmann*, 218; lateinisch bei *Jungmann* I, 38. In Anlehnung an den Hippolyt-Text wurde nach dem 2. Vatikanischen Konzil das sogenannte II. Hochgebet der römischen Messe formuliert

Tod und Auferstehung werden vorausgehend erläutert: Als von Gott gesandter Retter und Erlöser habe er, als er sich freiwillig dem Leiden überlieferte, um den Tod zu brechen, die Fesseln des Teufels zu sprengen und die Auferstehung kundzutun, Brot genommen und Dir (Vater) Dank sagend gesprochen: „Nehmt hin und esst! ...“ Dieser enge Zusammenhang macht deutlich: Was die Gemeinde, vertreten durch den Vorsteher, Gott darbringt, sind die Gaben Brot und Wein. Die worthafte Danksagung an Gott nimmt auch in den Gaben Gestalt an. Bis zu *diesem* Punkt wird man erinnert an vor- und außerchristliche Speise- und Trankopfer. Christlich gesehen, sind sie jedoch keine – wie man oft fälschlich sagt – Opfergaben (als hätten Priester bzw. Gemeinde Gott etwas zu geben, zu opfern(22)); sie sind materielle Gestalten des *Dankes* in Wort und Geste von seiten der gläubigen Gemeinde, stellen diese auch dar. Was die frühe Kirche mit dem Begriff „Opfer“ (*thysía, sacrificium*) meint, wird aber angesprochen im Gedenken des Dankes (zum Wesen jeglichen Dankes gehört ja das Ge-Denken(23)):

(22) Das ist für manche eine Streitfrage. Trient (sess. XXIII) sagt beiläufig, der „Herr“ habe beim letzten Mahl der Kirche „ein sichtbares Opfer hinterlassen, wie es die Menschennatur erfordert“. Darum sagt zB *O. Casel,* die Kirche wolle nicht „bloß empfangen“, sondern auch „etwas bewirken“, d.h. „aus Eigenem“ (Mysterien-Sprache, Mysterien-Symbolik) als „Ausdruck ihrer Liebe“ (aaO, 49). *Paulus* fragt die Christen, ob sie etwas hätten, was sie nicht von Gott empfangen haben (1Kor 4,7). Eucharistische Anamnese redet „orthodox“, wo sie sagt: „Eingedenk also ... bringen wir Dir das Deine vom Deinigen dar“ (*Metallinos*, 161 – in der römischen Messe vorgezogen in die Begleitgebete zur Gabenbereitung). So ist für *Jungmann* (1963) unser „Opfer“ als „greifbar gewordene Gnade“ (118).

(23) Danken bedeutet ursprünglich denken, gedenken (vergl. Etymologische Wörterbücher)

Er, gesandt von Gott „... zu Rettung, Erlösung, Kündung Seines Willens ...", hat *sich freiwillig* dem Leiden überliefert und *darin* – „Deinen Willen erfüllend" – *sich* Gott, Seinem Heilswillen *übergeben.*

In dieser Selbstübergabe Jesu an Gott durch Leiden hindurch für die Erlösung der Menschen aus Knechtschaft und Tod(24) *sieht die frühe Kirche das Opfer, das Jesus dargebracht hat.*

Nach dem Hebräerbrief hat er „in der Kraft des ewigen Geistes (*pneuma*) sich selbst als Makellosen Gott dargebracht" (Hebr 9,14).
Folglich haben wir keine von Menschen gemachte Opfergabe mehr vor uns (wie der Barnabasbrief betont). *Indem die Kirche*, wie es bei Hippolyt und in anderen Hochgebets-Traditionen geschieht, nun *Gott bittet*, er möge *„Deinen Heiligen Geist auf / in die Darbringung (in oblationem)"* der Kirche senden, bittet sie darum, *Gott möge die darbringend dankende Gemeinde unter der Gestalt der Gaben Brot und Wein teilnehmen, d.h. kommunizieren lassen an der Selbsthingabe Jesu Christi an Gott* (m.a.W.: an seinem „Opfer"), die ja „kraft des ewigen Geistes" geschehen ist. Darin besteht zugleich „die ewige Bedeutung der Menschheit Jesu für unser Gottesverhältnis" (K. Rahner)(25).

(24) Ähnliche Sicht bei *Rahner*, Die Eucharistie, in: *ders*. (1985), 65

(25) Daher nennt *Rahner* den Hl.Geist „das innere, subjektive Prinzip" des eucharistischen Kultes bzw das „Medium der kultischen Gegenwart Christi": (1967), 398f

2.2 Das Mahl als Sinnbild

Worin liegt nun Sinn und Zweck gerade dieser Gaben, das heißt, des Brotes, des Weines?
Brot ist immer schon Inbegriff der Speise, man kann sagen: Inbegriff des *Lebens*-Mittels überhaupt. Wein (statt bzw neben Wasser) ist ein festliches Getränk, Sinnbild der Lebensfreude, und gilt als Gottesgeschenk. Für Propheten ist er das Getränk der Heilszeit (Am 9,13; Jo 4,18; Jes 25,6; 55,1; Jer 31,12). Bei den alten Griechen halten selbst die Götter Mahl mit Ambrosia („Unsterblichkeit") und Nektar. Platon sieht die körperlosen Seelen (Phaidon 114c) sich schauend nähren (tréphesthai) am Mahl der Götter (Phaidros 247cde).
Seit altersher gilt zudem das *Mahl* als etwas Heiliges. Es verbindet die Beteiligten, stiftet Gemeinschaft und gegenseitige Solidarität. Wer jemanden zum Mahl lädt, teilt mit ihm das, wovon er selbst lebt, stiftet damit Lebens-Gemeinschaft. Von Anfang an gilt: Wenn eine Gruppe von Menschen einen Fremden, statt ihn zu verjagen oder zu töten, in die Gemeinschaft aufnimmt, tut sie das rituell, indem sie ihn zur Teilnahme an ihrem Mahl einlädt. Dadurch wird er aus einem Fremden (oder Feind) zum Freund, zum Gast-Freund. Weil nach ursprünglicher Empfindung Leben etwas Heiliges ist, auch das Lebens-Mittel sowie das Mahl etwas Heiliges (und also Feierliches) ist, darum ist auch gewährte Gastfreundschaft etwas Heiliges(26).
Diese Sicht erklärt auch die tiefe Irritation, welche die auffällige Mahlgemeinschaft Jesu auch mit ´ganz unmöglichen` Menschen (Zöllner, Sünder) seiner Gesellschaft auslöste.

(26) Vgl. zB *Kirchgässner*, 191-199; *Bachl* (1983), 37-44; *ders.* (2008), 72-82

Es hat daher tiefen Sinn, wenn Jesus beim Abschied das *Mahl* zum Zeichen der Gemeinschaft mit ihm wählt.
Schon zuvor ist er als Teilnehmer an Gastmählern, aber auch als Gleichniserzähler und Lehrer des Gastmahls, sowie als offizieller Gastgeber aufgetreten: Mk 2,13-17 Par (Gastmahl Levis); Joh 2,1-11 (Hochzeitsmahl zu Kana); Mt 22,1-10 / Lk 14,7-24; Mk 6,32-44 Par (Speisung der 5000); vgl. Lk 24,30; Joh 21,9- 13.
Angesichts seines nahen Todes begründet Jesus mit den Jüngern eine – wie das Mahl zu verstehen gibt – *Lebens*-Gemeinschaft. Darin wird vollzogen, was er an anderer Stelle zu den Jüngern sagt: „Es gibt keine größere Liebe, als wenn einer sein Leben für seine Freunde hingibt ... Ich nenne euch Freunde, denn ich habe euch alles mitgeteilt, was ich von meinem Vater vernommen habe" (Joh 15, 13.15). Brot und Wein vermitteln also den Eingeladenen Gemeinschaft (*communio*) mit Jesus.
Nun gilt es zu bedenken, dass es sich um eine Gemeinschaft über Jesu Tod hinaus handelt, die durch Essen („Nehmt und esst!" Mt 26,26) und Trinken („Trinkt alle daraus!" Mt 26, 27) gestiftet wird.(27)
Essen und Trinken der von Jesus nach Dankgebet (und Zerbrocken) ausgeteilten Elemente Brot und Wein verbinden die Jünger existentiell mit Jesus über dessen Tod hinaus. Das besagen die Deute- oder Stiftungsworte.

(27) „Indem sie das Gericht des Erbarmens Gottes essen, nehmen sie das ewige Mahl vorweg": *Rahner* (1985), 68

2.3 „Mein Leib"

Erwägen wir das erste: „Das ist mein Leib"(28).

Nun hat Jesus im Kreise seiner Jünger weder deutsch noch griechisch oder lateinisch gesprochen, sondern aramäisch oder hebräisch. Die Deuteworte, wie das NT sie überliefert, sind Übersetzungen, zuerst ins Griechische, damals internationale Verkehrssprache (vor dem Latein). In semitischen Sprachen entfällt das Hilfszeitwort „ist" (*estín, est*), das die indogermanischen Sprachen setzen. Ins Deutsche umgesetzt, sagt Jesus daher: „Das/dies mein Leib". Wir spüren: so hat die Aussage stärker hinweisende, pointierende Funktion.(29)

Die früh- und spätmittelalterlichen Streitigkeiten um das „ist" (hat das Hilfszeitwort reale oder symbolische Bedeutung?) (30) erübrigen sich also aus sprachlicher Sicht. Um das „ist" müssen wir uns nicht weiter kümmern, weil es in der von Jesus gebrauchten Sprache entfällt, daher bedeutungslos ist.

Wesentlich aber ist die Frage, was gemeint sei mit „Leib", genauer „mein Leib". Weder griechische noch lateinische Wiedergabe (*sōma, corpus*) helfen da weiter. Im abendländischen Raum hat ein Wort wie „Leib" oder „Körper" eine engere Bedeutung als im semitischen Wortfeld der Bibel.

(28) In griechischer Fassung: *τοῦτό ἐστιν τὸ σῶμά μου,* Lateinisch (Vulgata): *hoc est corpus meum*

(29) Ähnlich *Schlink*, 494

(30) Vgl. die *Marburger Disputation* (von 1529) zwischen *Luther* u. *Zwingli* um das rechte Verständnis des Abendmahls u. des „ist", anschaulich dargestellt zB bei *Friedenthal*, 619f; *Lortz*, 44f.

Doch kommt das Joh-Evangelium zu Hilfe. In seiner „Brotrede“ sagt Jesus dort: „Das Brot, das ich gebe, ist *mein Fleisch* für das Leben der Welt“ (6,51). In Auseinandersetzung mit „den Juden“ bekräftigt er, ewiges Leben sei gebunden an das Essen „seines Fleisches“ und das Trinken „seines Blutes“ (vv 53-58). Seine Zuhörer sind schockiert, wenden sich ab: „Wie kann uns der da sein Fleisch zu essen geben“? (v 52). Vom Trinken „seines Blutes“ reden sie erst gar nicht, war es doch Israeliten von altersher bei Todesstrafe verboten, irgendwelches Blut zu genießen (Lev 3,17; 7,26; 17,10). Beim Schlachten (*šachat*) soll anfallendes Blut nicht genossen, sondern auf die Erde gegossen werden (Dtn 12,16 – daher die jüdische Schlachtform des Schächtens). Als Begründung für das Verbot des Blutgenusses erklärt das Gesetz (Lev 17,11.14): „Das Leben (*nefeš*) des Fleisches (*bāsār*) ist [im] Blut (*badām*)“, und umgekehrt (Dtn 12,23). Leben, konkreter: das Lebendige, Atmende, Schnaufende, Begehrende u.ä. hat seinen Sitz im Blut.
Als der johanneische Jesus zum Trinken seines Blutes auffordert, können die Zuhörer es nur als grobe Provokation, als Aufruf zum Bruch des Gottesgebotes (miss-)verstehen. Das Joh-Evangelium sucht die Paradoxie und den Schock, damit die Hörer / Leser lernen, tiefer zu blicken, statt am Vordergründigen, Buchstäblichen haften zu bleiben. So sind auch die Aussagen „Ich bin das Brot des Lebens“, „... das lebendige Brot“ (6, 48.51) gemeint.
Die Bibel-Gelehrten weisen nun, um die ursprüngliche Wortwahl Jesu und damit den eigentlichen Sinn zu erhellen, fast einhellig auf den Ausdruck „Fleisch“ beim johanneischen Jesus hin.

Der Vergleich zwischen dem Wortlaut der Deuteworte bei Paulus / Lukas mit Johannes ergibt eine deutliche Übereinstimmung:

Joh: *Das Brot, das ich geben werde, ist mein Fleisch für das Leben der Welt* (Joh. 6,51)

Paulus: *Dies Meinige (= das Brot) ist mein Leib, der für euch* (1Kor 11,24) gegeben wird (Lukas)

Die Gleichsetzung von „Leib“ (in den Deuteworten bei Paulus/Lukas und Markus/Matthäus) mit „Fleisch“ (bei Johannes) gilt als gesichert.(31)
„Fleisch“ bezeichnet in der Bibel den konkreten Menschen, im Licht Gottes freilich ein schwaches, vergängliches Geschöpf.(32) In griechischer Sprache (ähnlich wie im Deutschen) hat „Fleisch“ aber *nicht* diese besondere, biblische Bedeutung. Daher bot sich der Begriff „sōma“, „Leib“, an: in den indogermanischen Sprachen kommt er der genannten biblischen Bedeutung von „Fleisch“ nahe, weil er das konkret-vergängliche Wesen des Menschen mit meint. Was aber meint Jesus mit *„mein* Leib“? Da Jesus und die Jünger biblisch-semitisch dachten und sprachen, gibt biblischer Sprachgebrauch Aufschluss: „Fleisch“ (*bāsār*) meint, wie gesagt, den konkreten, vergänglichen Menschen.

(31)Auch Paulus kennt sie (Röm 8,13), und in der Septuaginta (griech. Übersetzung des AT) wechseln die griechischen Vokabeln für „Fleisch“ (sárx) und „Leib“ (sōma), um das hebräische Wort *bāsār* wiederzugeben. Vgl. *Jeremias*, 191ff; *Betz*, 38ff. [Die – von *Jeremias* erschlossene – hebr. Version (mit dem Blut-Wort) lautet: זֶה בְּשָׂרִי זֶה דָמִי]
(32) Vgl. *Wolff*, 49-56

Im Buch der Spruchweisheit sagt der Einsichtige über die Worte der Weisheit: „Leben (*chajjim*) sind sie für den, der sie findet; und für sein ganzes Fleisch eine Arznei" (Spr 4,22). Paulus – Schriftgelehrter und Missionar in Person – verwendet die Worte „Fleisch" (*sárx*) und „Leib" (*sōma*) wechselweise. An mehreren Stellen erkennt man, dass Paulus mit „Leib" nicht einen Teil des Menschen, sondern den ganzen Menschen meint: den Menschen eben, wie er „leibt und lebt".

Mit Leib oder Körper (*sôma*) meint er also den leibhaftig-konkreten *Menschen.* Er erwähnt z.B., alle müssten einmal erscheinen vor dem Richterstuhl Christi, damit einem jeden vergolten werde dafür, was er getan „durch seinen Leib" – nämlich *durch seine leibliche Existenz hindurch* (*dià toū sômatos* – 2Kor 5,10). Dann zitiert er Kritiker, die verbreiten, des Paulus Briefe zwar seien „stark", „die Anwesenheit des Leibes" (*parousía toū sômatos*) aber, also sein persönliches Auftreten – seine *live-Auftritte,* sozusagen – sei hingegen „schwach" (2Kor 10,10). Mit Leib/Körper (*sôma*) also ist der leibhaftige Mensch ´in Person` gemeint. *Zusammengefasst* meint der *Begriff Leib in der Bibel*: „Der Leib ist nicht ein Gegenstand, den wir besitzen, ... er ist nicht nur die Naturgrundlage und das Werkzeug, ... sondern er ist die lebendige Gestalt unseres Wesens, der notwendige Ausdruck unseres individuellen Daseins, in dem der Sinn unseres Lebens die Verwirklichung finden soll. Darum ... ist er in allen seinen Teilen als Träger des geistig-persönlichen Lebens verstanden, das unter dem Anruf Gottes steht und seinen Adel darin hat, Bild Gottes zu sein".(33)

(33) *Eichrodt*, 98

Mein gesamter Leib, alle Teile und Gliedmaßen, bin „ich selbst“ in Raum und Zeit.

Mit „mein Leib“ meint Jesus in den Evangelien daher nichts anderes als sich selbst: „Das bin ich (in Person)“. (34) Nämlich ´ich als dieser sterbliche Mensch, euch vertraut, der euch die ankommende Gottesherrschaft verkündet hat (Mk 1,14f), der jetzt aber dem (frühen, gewaltsamen) Tod nicht entrinnen kann, sondern ihn auf sich nehmen muss. Die Gottesherrschaft wird kommen trotz meines Todes, durch meinen Tod hindurch` (vgl. Mk 14,25 / Mt 26,29; Lk 22,16 / 1Kor 11,26).
Mit „mein Leib“ meint Jesus sich als *Menschen*. Man sollte dem „Leib“ hier nicht dogmatisch den Gottessohn unterlegen, sondern Jesus als den leibhaftigen Menschen verstehen, der freilich in und aus einer elementaren Treuebeziehung zum „Vater“ lebt, gerade auch hier und jetzt, eine Treue, die jedoch bis ins Äußerste durchgeschüttelt werden wird (Mk 14,32-42 Par). Es ist Jesus unmittelbar vor der Ankunft in Getsemani, vor Verhaftung, Verleugnung durch Petrus und Flucht der Jünger. Man sollte also bei „mein Leib“ die wahre Menschlichkeit Jesu, die in Todesangst zittert (Mk 14,34 Par; Lk 22,44; Hebr 5,7), mitbedenken.
Natürlich war und ist Jesus für die Augen des Glaubens die Person gewordene Selbst-Mitteilung *Gottes*, des Gottes, der bei und mit den Menschen ist und sein will, die auf ihn trauen (Gen 21,22; 26,3.24.28; Ps 23,4 usw); des Gottes, der selbst Leben und Quelle von Leben ist (2 Kön 19,14; Ps 18,47; 36,10; 42,3 usw).

(34) So auch zB *Pesch,* 71; *Welker,* 98; daher kann man von „Personalpräsenz“ (die ´Realpräsenz` verdeutlichend) Christi in der Eucharistiefeier sprechen – doch erfasse auch dieser Begriff nicht alle Aspekte: ebd, 99-107. Vgl. *EKD,* 27f !

Dieser Gott, als Immanu-El selbst das mit-gehende Leben, will sich in Jesus, der ihm auch in Todesangst *treu* bleibt, selbst mit-teilen mittels des geteilten Brotes, mittels der Teilhabe am Weinbecher. So geschieht diese Selbst-mit-teilung auf wahrhaft menschliche Weise, die auch deren Grenze, die Angefochtenheit, nicht scheut.
Dieser Zusammenhang wird im nächsten Wort noch deutlicher.

2.4. „Mein Blut“

Paulus erinnert die Korinther Christen: „Der Becher der Preisung, über dem wir die Preisung sprechen, ist er nicht Gemeinschaft mit dem Blute des Christus?“ (1Kor 10,16) Was meint „das Blut“ des Christus? Achten wir auf die Überlieferung der Deuteworte und die Unterschiede darin:

Mk 14,23-24	**Mt 26,27-28**
Und er nahm einen Becher (und) sagte Dank,	
gab ihnen,	
und tranken alle	und sagte: Trinkt alle
aus ihm.	aus ihm!
Und er sprach	Denn
zu ihnen:	
Dies ist	dies ist
***mein Blut** des Bundes,*	***mein Blut** des Bundes*
(s. Ex 24,8)	
das ausgegossene	das um vieler willen
für viele	ausgegossene
	zum Nachlass
	von Sünden (s. Jer 31,34)

Lk 22,17 + 20	**1Kor 11,25**
Er nahm den Becher,	(Er nahm) ebenso
Dank sagend sprach er:	auch den Becher
Nehmt diesen und	nach dem Mahl
Verteilt ihn auf euch!	
... und er sprach:	und er sprach:

Dieser Becher (ist)	*Dieser Becher ist*
der ***neue Bund***	*der* ***neue Bund***
(s. Jer 31,31)	
in meinem Blut,	*in meinem Blut*
das für euch	(für unsere Sünden:
ausgegossene	1Kor 15,4)

Die bekannten vier offiziellen, römischen Hochgebete mit identischem Kern-Text formulieren eine Mischung aus den neutestamentlichen Vorgaben:
NEHMET UND TRINKET ALLE DARAUS (Lk + Mt)
DAS IST DER KELCH DES NEUEN UND EWIGEN BUNDES (Paulus + Lukas)
MEIN BLUT, DAS FÜR EUCH UND FÜR ALLE [wörtlich: VIELE] VERGOSSEN WIRD
ZUR VERGEBUNG DER SÜNDEN
(Markus + Matthäus)

Eine grobe, mit handfesten Allegorien arbeitende Deutung ist sich ihres spontanen Verständnisses sicher: „mein Blut" weise, meint sie, auf Jesu Tod am Kreuz; auf ihn spiele Jesus an; ist doch die Annagelung der Glieder (nach der Geißelung) ein blutiges Geschäft. Wie selbstverständlich geht diese Deutung davon aus, Jesus sei schließlich verblutet, am Blutverlust gestorben (daher sein Ruf „mich dürstet!").

Ähnlich deutet sie das Brechen des Brotes auf den Tod Jesu: die Henker hätten den Leib Jesu „gebrochen" (dagegen spricht allerdings Joh 19,33), zerstückelt, d.h. zum Tode befördert. Aus solcher Deutung scheint zu folgen, der gewaltsam-blutige Tod Jesu habe in sich das *erlösende* Gewicht.

Es habe dieses blutigen Todes, den Jesus zu erdulden hatte, bedurft, um die Menschen zu erlösen. Die Deutung sieht sich gar durch die Farbe des Rotweins (blut-rot) bestätigt.

Diese Darstellung ist ebenso beliebt wie spekulativ.(35)

Sie bestätigt die für selbstverständlich genommene Überzeugung: „Größeres als Anteil an der erlösenden Kraft seines Todes hat Jesus nicht zu geben“ (Jeremias, 228; vgl. Schlink, 495).

Doch ist diese vermeintlich naheliegende Sicht ernsthaften Einwänden ausgesetzt.

Sicherlich floß nicht wenig Blut bei Jesu Kreuzigung. Doch war den Menschen, die Hinrichtungen am Kreuz öfter vor Augen hatten, bekannt, dass Gekreuzigte nicht an Blutverlust starben, sondern an Sauerstoffmangel, also erstickten (Kreislauf-Kollaps). Das Brechen der Beine beschleunigte dieses Ende. Der Kreuzes-Tod war gerade kein Tod nach Art des Schächtens, wo der Schlächter auf das Ausbluten des Tiers achtet und sein Blut sorgsam ausgießt bzw auffängt. Im Hintergrund steht vielmehr das Blut in der erwähnten Bedeutung, nämlich als Sitz des Lebens, die ja die Begründung für das Verbot des Blutgenusses liefert. Blut erscheint hier – in Jesu Deutewort – in der Bedeutung von *Leben*. Das Possessivpronomen „mein“ besagt also *Jesu* Leben.

Ein *weiterer Aspekt* kommt hinzu: der Begriff „Bund“. In der Mk/Mt-Fassung ist die Rede vom „Blut des Bundes“ oder vom „Bundesblut“.

(35) So massiv in dem in dieser Denkart beheimateten, 1928 neu aufgelegten Werk des Kapuziners *Martin von Cochem*, Das heilige Messopfer (von 1698).

Bei Paulus und Lukas ist „Bund“ sogar der führende Begriff, dem Blut vorgeordnet, wie es später auch im römischen Hochgebet formuliert ist. „Bund“ ist noch präzisiert, indem vom „neuen“ Bund die Rede ist.
Das nimmt Bezug auf die Ankündigung eines „neuen“ Gottes-Bundes, den Gott anstelle des ersten Bundes schließen werde, weil Israel diesen gebrochen habe (Jer 31,31f). Der erste Bund aber wurde mit Blut geschlossen (Ex 24,8). Junge Männer hatten Stiere geschlachtet, und Mose besprengt mit dem aufgefangenen Blut sowohl den Altar (er vertritt JHWH) als auch das Volk, zum Zeichen für die Schließung eines Bluts-, d.h. *Lebens*-Bundes zwischen Gott und Israel. Beide Partner stehen für den Bund mit ihrem Blut, d.h. mit ihrem Leben, ein. „Blut“ meint also nicht den Tod, was ja im Blick auf Gott (Altar-Besprengung) widersinnig wäre. Zuvor verliest Mose vor dem Volk die Bundesurkunde – die von Gott gegebene Weisung zum Leben und Gedeihen des Volkes –, und das Volk stimmt ihr feierlich zu. Danach gehen Mose, Aaron und die siebzig Ältesten zu Gott auf den Berg zu Mahl und Umtrunk, worin die neu geschlossene Lebensgemeinschaft und Freude an ihr feierlich begangen werden (Ex 24,11).
Der Focus liegt daher auch bei Jesu Stiftungswort auf dem *Bund.* Denn hier gewährt Gott durch Jesus einen Bund, einen *neuen* Bund, dessen Schließung in dem menschlichen Ursymbol von Mahl und Trank begangen wird. „*Mein* Blut“ besagt dabei das *Mittel*, *nicht* den *Zweck*! M.a.W. ist nicht Jesu Tod die Zielabsicht, sondern der Tod – nicht insofern er gesucht, gar vom „Vater“ verhängt, sondern insofern er von Menschen *zugefügt* und so von Jesus akzeptiert wurde – ist das Mittel zum Ziel („neuer Bund“).

Darin erhellt auch der Sinn der Beifügung „vergossen". Das ist aber wohl kaum exakt übersetzt.

Sprachliche Anmerkung: Die griechische Wendung lautet *(tò haima) ekchynnómenon. Ekchýnô* ist späte Nebenform von *ekchéô, ausgießen.* Die Septuaginta-Fassung von Dtn 12,16, wo bestimmt wird, das Blut (des Opfertiers) solle nicht genossen, sondern wie Wasser zur Erde ausgegossen werden, hat für ´ausgießen` eben dieses griechische Wort (*ekchéô*). Es steht für das hebräische Wort *š p ch*, häufig auch für das Ausgießen von Opferblut verwendet (vgl. Dtn 12,27).

Erinnern wir uns der Begründung, die für das Ausgießen des Opferblutes gegeben wird: das Blut ist Sitz des Lebens, das Leben aber – so auch sein Träger, das Blut – ist von Gott / JHWH gegeben und gehört JHWH (Lev 17,10-14)(36) Das Ausgießen des Blutes auf die Erde wie das Besprengen des Altars, der „Hörner" (beim Sühnopfer) des Altars (Sitz Gottes), verdeutlichte die Rückgabe des Blutes / des Lebens an Gott. Die Übersetzung „ausgegossen" (gemäß dem griechischen Wortlaut – statt „vergossen") legt daher die Betonung nicht auf das ´Blutvergießen`, sondern auf die Rückgabe des Lebens an Gott.
Indem Jesus „mein Blut des Bundes, ausgegossen" formuliert, meint er die Hingabe seines Lebens an Gott; opferkultisch gesprochen, die Rückgabe seines Lebens an Gott.

Die Hingabe seines Lebens an Gott umschreibt Jesu gesamte Existenz (im NT gewürdigt als „Gehorsam"), die *im Tod definitiv*, endgültig wurde.

(36) *Volz*, 130f; *Betz*, 46; *Noth*, 113

Es ist primär nicht auf das Blut-Vergießen als zum Tod führendes Leiden zu achten, sondern auf Jesu Hingabe seines ganzen Lebens (anschaulich in seinem Blut) an den „Vater“. Wegen der Widerstände und Machenschaften der damals führenden Kreise, also wegen der historisch-politisch-psychologischen Begleitumstände lief die Selbsthingabe Jesu an Gott auf die *Annahme des ihm zugefügten Verbrecher-Todes* hinaus – ohne dass daraus zu schließen wäre, Jesu Tod – zudem dieser Tod – sei in sich gottgewollt gewesen.
Schon die frühe Kirche bekennt ja die *Freiheit*, mit der Jesus das Leiden auf sich nahm und in den Tod ging. Wer also den Tod Jesu „Opfer“ nennt, muss im Blick behalten, dass es sich um eine freie Tat Jesu handelte, eine Selbst-Gabe, in diesem Sinne ein Selbst-Opfer. Die Meditation fand dafür ein Vorbild in jener geheimnisvollen Gestalt, von der es im 4. Lied vom Gottesknecht heißt, er habe „sein Leben ausgegossen zum Tod“ (Jes 53,12)(37) Das griechische AT übersetzt hier nicht wörtlich, sondern sinngemäß: „sein Leben (*psyché*) wurde übergeben in den Tod“. Besser müsste man jedoch übersetzen: „er übergab sein Leben (seine Seele) in den Tod“.

Sprachlich-fachliche Anmerkung: Das hebräische Wort (Hifil-Form von ערה) ist eindeutig *aktiv*: er goss aus (sein Leben). Daher ist (soll die LXX-Übersetzung bestehen) die griechische Form παρεδόθη als Passiv der Zulassung zu übersetzen: seine Seele (sein lebendiges Ich) ließ ihre Hingabe, Übergabe in den Tod zu.

(37) Hebräische Bibel: הֶעֱרָה לַמָּוֶת נַפְשׁוֹ. LXX: παρεδόθη εἰς θάνατον ἡ ψυχὴ αὐτοῦ.

Der Ausdruck παραδίδωμι kehrt mehrfach wieder im NT, und zwar an entscheidenden Stellen für Jesu Passion. In der zweiten und dritten Leidens-Ankündigung erklärt Jesus, er übergebe sich (rückbezügliches Medium!) bzw werde sich übergeben lassen in die Hände von Menschen, die ihn töten würden ... (Mk 9,31 Par; 10,33 Par). Die hier von den Synoptikern verwandte Form παραδίδεσθαι geben die Übersetzer passivisch wieder [Ausleger sehen sie als passivum divinum]; doch sollte man wegen des hebräischen Originals die Möglichkeiten der griechischen Grammatik ausschöpfen: *er gibt sich/ wird sich geben lassen in die Hände* ... So gelesen versteht man auch leichter, weshalb die Jünger in Person des Petrus gegen dieses Vorhaben opponierten (Mk 8,32 Par): weil sie in der Ansage der Passion nicht schicksalhaft-gottgewollte Notwendigkeit sahen, sondern einen Akt, der in der Freiheit Jesu selber lag. Quelle für die passivische Deutung dürfte die lateinische Übersetzung sein (*traditur*). Das Latein hat kein Medium; es gebraucht das Passiv, wenn nicht der Urheber, sondern das Geschehen selbst betont werden soll. Hier wird die Übersetzung, kaum merklich, zur Deutung.

Diese Lesart kann sich auch auf das Johannes-Evangelium stützen. In der Rede vom Guten Hirten erklärt Jesus, er setze sein Leben (*psyché mou*) ein für die Schafe (10,15), und präzisiert: niemand nehme ihm sein Leben weg, vielmehr „setze ich es ein aus mir selbst“ (*ap` emautoū*: v 18).

Damit stimmt wieder überein Jesu letztes Wort vor seinem Tod, wie Lk es überliefert: „Vater, in deine Hände lege ich mein Leben (meinen Lebensatem)" (23,46), Zitat des 6. Verses im 30. Psalm (LXX), wobei der Evangelist das Futur der griechischen Fassung zum Präsens macht.[38]

Auch Paulus betont die aktive Form: Jesu Selbst-Hingabe (*parédōken heautón*: Gal 2,20; Eph 5,2.25).

M.a.W. *wurde Jesus nicht geopfert (weder vom „Vater" noch vom Hohen Rat), sondern er opferte sich selbst.* Wie das Joh-Evangelium andeutet, entspricht die Selbst-Gabe Jesu dem Auftrag (*entolé*) des „Vaters", worin Gottes Liebe (*agápe*) wirksam wird (10,17f).

Diese vermeintliche Abschweifung macht klar, dass *auch die Einsetzung / Stiftung des Abendmahls Teil der freien Selbst-Gabe Jesu an den „Vater"* ist, was zumal Paulus zum Ausdruck bringt, wenn er die Christen erinnert: „dass der Herr Jesus in der Nacht, als er sich hingab (*paredítoto*), Brot nahm und unter Danksagung es brach mit den Worten ´Dies ist mein Leib (der) für euch`" (1Kor 11,23f).

Zudem wird deutlich, dass die Beifügung zum Blut-Wort „das ausgegossene" (statt „vergossen"), gemäß der traditionellen Opfer-Vorschrift, als Rückgabe des Lebens (des Blutes) – *seines* Lebens (Blutes) – an Gott zu verstehen ist, die Jesus hier selbst vollbringt. Genau übersetzt ist die Rede von Jesu Blut, von *seinem* Blut, „das *ausgegossen* wird": nicht von den Todfeinden, nicht vom „Vater", sondern *von ihm selbst im Sinne der Hingabe seines Lebens an den „Vater"*.

(38) Das griechische Verb heißt παρατίθεμαι und meint (als Medium!) soviel wie „deponieren, anvertrauen". Darin entspricht es genau der hebräischen Vokabel פקד, die in der Hifil-Form „Übergeben, hinterlegen" besagt (Ps 31,6: אַפְקִיד). Die hebräische Form kann sowohl präsentisch wie futurisch übersetzt werden.

Der Tod am Kreuz wird zum irdisch-endgültigen *Aspekt* seiner Hingabe an den „Vater“, nicht zu deren alleinigem oder hauptsächlichem Inhalt.
Jesus gibt sich dem „Vater“ hin *für* die Menschen und schließt in diese Hingabe seinen gewaltsamen Tod ein, als seine Todfeinde ihn ihm auferlegen, und schließt auch sie in seine Hingabe ein.

Diese bibelnahe Auslegung bietet eine andere Sicht als jene, die – offiziell rechtgläubig – in Jesu Tod das Wesen seines Opfers sieht und dafür recht grobe Vorstellungen bemüht: „Weil der natürliche Tod durch die gänzliche Trennung des Blutes vom Leib entsteht und Christus auf solche Weise am Kreuz gestorben ist, so wird auch im heiligen Messopfer sein Tod durch die Trennung seines Blutes vom Leibe dargestellt ... Und dies ist eine wahre und wirkliche Schlachtung Christi, in welcher die Wesenheit des Brotes und Weines wirklich zerstört und wahrhaft in den Leib und das Blut Christi verwandelt wird ... Christus zeigt dem himmlischen Vater auch die bittern Schmerzen, die er bei seinem Sterben erlitten hat, die Schrecken des Todes, mit denen er geängstigt wurde, den grausamen Lanzenstich, der sein heiliges Herz durchbohrt hat ... er erweckt dadurch das unendliche Wohlgefallen, das Gott der Vater damals an dem Tode seines Sohnes empfand. Wie nun Christus am Kreuze den Zorn seines Vaters besänftigt, den Sündern Barmherzigkeit erworben und die Welt mit Gott versöhnt hat, so tut er dies wieder in allen heiligen Messen“.(39)

(39) *Martin von Cochem*, 87f. Mit dieser Sicht verbunden ist die allegorisch-symbolistische Erklärung der Messe und Gegenstände, Traditionalisten bis heute teuer: „Das Kreuz auf dem Messgewande ist das Symbol des Kreuzes, an das Christus geschlagen worden ist. Der geweihte Kelch erinnert an das Grab Christi wie auch an den bitteren Kelch des Leidens, den Christus austrinken musste. Die Palla, womit der Priester den Kelch bedeckt, bedeutet den viereckigen[sic!] Grabstein... Das Korporale oder die viereckige Leinwand, auf welcher der Kelch steht, weist auf das Grabtuch hin, in das der Leichnam Christi eingewickelt worden ist … (Fortsetzung Seite 50)

Die im letzten Satz genannte Sicht wird auch heute noch von traditionell fühlenden Katholiken reklamiert und verteidigt. Sie wollen die Messfeier so denken, dass in ihr, und zwar in jeder Messe, Christus seinen Leib und sein Blut, zwar auf unblutige Weise (und mittels des Priesters), wie am Kreuz dem „Vater" aufopfere. Dass Christi Kreuzesopfer in der Messfeier vergegenwärtigt wird, wie das Trienter Konzil lehrt, wollen sie so verstanden wissen, dass Christus sich dem „Vater" wieder – unblutig, aber wie am Kreuz – opfert. Nur so könne vom Mess-Opfer als einem wahren Opfer die Rede sein (wie Trient lehrt). Das Kreuzesopfer Christi werde in der Messfeier quasi exakt wiederholt – mit dem Unterschied allerdings, dass es unblutig geschehe. Dass das Messopfer „unblutig" geschehe, hat natürlich damit zu tun, dass dieses erneuerte Kreuzesopfer unsichtbar bleibt, d.h. nur dem Glauben zugänglich. Freilich sei ein kleines Stück Sichtbarkeit doch gegeben, nämlich in der „Doppelkonsekration", d.h. in der „getrennten Wandlung des Brotes in den Leib und des Weines in das Blut Christi", worin sich „die Trennung des Leibes und Blutes Christi am Kreuz" andeute (wie es Papst Pius XII. bekräftigt hatte). Diese Deutung sei vollständig rechtgläubig (= tridentinisch), werde also durch die protestantische Kritik nicht getroffen, denn „durch das Messopfer" würden „nicht neue Gnaden erworben, sondern ... die am Kreuz verdienten Gnaden den Menschen" zugewendet.

(39 Fortsetzung) Die zwei Messkännlein bedeuten die Gefäße, in denen Galle und Essig waren, die Christus am Kreuze zum Tranke gegeben worden sind" (ebd 22) Z.T. noch bei Casel, zB 79.85. Die Allegorese stammt v.a. aus der griechischen Orthodoxie: *Jungmann* (1970), 15. 85f.; (1965 II), 69 Anm.6

Aus dieser Sehweise werden Folgerungen gezogen, die häufig polemisch vertreten werden. Eine andere Sicht als diese – d.h. die des 2. Vatikanischen Konzils – leugne den Opfer-Charakter der Messe (wie die Protestanten), huldige dem Horizontalismus (Christus opfere sich nicht dem „Vater“, sondern den Jüngern bzw der Gemeinde – ebenfalls eine protestantische ´Neuerung`), und mache aus dem Opfer der Messe ein Mahl – sie sei jedoch „nur ein Opfer“: die Kommunion sei kein Mahl, sondern „eine Frucht dieses Opfers, gehört aber nicht zu seinem Wesen hinzu“, ebenso wenig wie das Volk oder die Gemeinde, deren Anwesenheit zwar „erwünscht, aber nicht notwendig“ sei. Kreise, die so denken, wollen auch durch biblische Zeugnisse nicht beeindruckt werden, sie beharren auf dem Traditions-Recht des „spezifisch Katholischen“ und auf ihre Sorge um den „rechten Glauben.(40) So auch z.B. der Schriftsteller *Martin Mosebach*, der (nach Medien-Berichten) öffentlich vorträgt, „die erste Messe“ habe „nicht im Abendmahlssaal, sondern auf Golgatha stattgefunden“. Vermutlich könnte der Autor, nach Klärung einiger Begriffe, sein Anliegen in obiger Darstellung aufgehoben finden.

(40) Das Referat fußt in wörtlicher u. in indirekter Zitation auf dem Weblog der „Kongregation der Herz-Jesu Franziskaner“, betitelt „Der neue Messritus“ [vom Vf. ausgedruckt i.J. 2009]. Die Argumente, typisch für die globalreligiöse ´Großwetterlage`, bewegt von besorgtem Eifer um das traditionell Eigene (konfessionelle Identität), gepeinigt von Horror vor den „anderen“, emotional (wieder) als Feinde empfunden, sind auch die der Piusbruderschaft. Das in heutiger Sicht katholizistische Mess-Verständnis wird treffend skizziert u. kritisiert bei *Welker,* 40-46; *Schlink*, 495f! Traditionalistische Kreise verweigern sich der Überprüfung tradierter Auslegungen u. Denkgewohnheiten an biblisch-urchristlichen Normen, aus (unbegründeter) Sorge, zu verlieren (Identität), statt zu gewinnen (Glaube).

Die *personale* Sicht hat namhafte Gelehrte zu der Überzeugung geführt, die Eucharistiefeier enthalte weniger eine Kult-Theologie als eine Theologie des Martyriums, wo Leib und Blut nicht etwas sind, das geopfert wird, denn „Jesus wird ... nicht als Opfertier verstanden, dessen Fleisch und Blut hingegeben wird, sondern als der Märtyrer, der nicht etwas, sondern sich selbst hingibt.

Leib und Blut sind jeweils Zeichen dieses Selbst, das Jesus in die Waagschale geworfen hat".(41) Der Begriff „Martyrium" für Jesu Selbsthingabe setzt natürlich dessen Treue („Gehorsam") in Gottes Auftrag voraus, da der Blutzeuge ja nicht für sich, sondern für den ihn sendenden Gott zeugt.

Indessen kann das Martyrium nur ein sekundärer Aspekt des Gemeinten sein. Denn das Blut deutet nicht primär auf den Tod, sondern ist – als traditionelles Äquivalent des Lebens – zusammen mit dem Brot („mein Leib") Ausdruck für Jesu *Ganz*-Hingabe: Jesus gibt sich selber, wie er „*leibt* und *lebt*". Der Ausdruck „Fleisch und Blut" (*bāsār wadām*) ist in alttestamentlicher Spätzeit Ausdruck für den Menschen insgesamt in seiner vergänglichen Verfassung (vgl. Mt 16,17).(42) So wie „Leib / Fleisch", ist auch „Blut" als Lebensträger Repräsentant des Menschen, seiner Person. Nachweislich bezeichnet das griechische Wort für „Leib" (*sōma*) bis in frühchristliche Zeit hinein eine Person.(43)

(41) *Ratzinger* (1963),72; *Kahlefeld,* Eucharistiegebet: (Catholica) 1974/2; *Schürmann*, 85ff; *Schillebeeckx* (1976), 273

(42) Nachweise bei *Jeremias*, 193 Anm.6

(43) Nachweise bei *Betz,*

2.5 Die Sendung Jesu unter dem Blickwinkel des Opfers

Um den Sachverhalt möglichst deutlich vor Augen zu bekommen, versuchen wir, uns Sinn und Bedeutung einer „Sendung“ ganz allgemein klar zu machen, um die Sendung Jesu tiefer zu erfassen.
Zumal an Stellen nämlich, wo die von Jesus angesprochenen Menschen zur Entscheidung gerufen sind, sprechen die Evangelisten von dem („Vater“), der Jesus „gesandt“ hat (gr. apostéllein, im JohEv öfter auch pémpein): vgl. zB Mt 10,40; 15,24; 21,37; Lk 4,18; 10,16; Joh 3,17; 5,23f.30; 6,29; 7,16.33; 8,16; 11,42; 12,45; 17,18; vgl. Röm 8.3; Gal 4,4 usw. An einer Stelle wird Jesus auch „der Gesandte“ (apóstolos) genannt (Hebr 3,1).
Worin besteht nun die Eigenart einer Sendung?
Eine Sendung bezieht sich stets auf einen besonderen Sinn oder Zweck.
In allgemeiner Form werden auch Gegenstände „gesandt“, wie man den Katalogen der Versandhäuser entnehmen kann: bevor sie versandt werden, wurden sie gesandt, nämlich entworfen, hergestellt und verkauft um zu ...Ein Werkstück – zB Hammer, Stuhl oder Auto – hat eine Sendung, für die es gemacht, die ihm ein für alle Mal eingeschrieben ist: sie dienen zu dem und dem bzw tun das, und nur das, wozu sie gesandt und versandt sind (zB Sitzen, Fahren). Tun sie ihren Dienst nicht einwandfrei, nur teil- oder zeitweise, liegt die Ursache dafür nicht bei ihnen, sondern beim Hersteller bzw. Absender. Daher werden sie zur Prüfung „zurückgerufen“ und neu ´in Dienst gestellt`, damit sie fortan ihrer Sendung voll und ganz entsprechen.

Wird jedoch ein Mensch – eine Person – gesendet, ist zwar auch hier die Absicht oder der Zweck der Sendung klar, bestimmt und fest, jedoch zunächst nur beim Absender. Ob der Gesandte seine Sendung erfüllt, hängt von seinem Verständnis ihres Inhaltes ebenso ab wie von seinem Willen. Der Gesandte muss zur Erfüllung seiner Sendung eine Voraussetzung beitragen, die die Person, die ihn sendet, nicht ´machen` und nicht – durch Überformung der gesandten Person – ihm auferlegen kann. Vielmehr ist es nötig, dass der zu Sendende, damit er seine Sendung erfüllen kann, seinen Willen dem Sender übereignet. Die Übereignung eines freien Willens an den Sendenden nennt man allgemein – so auch in der Bibel – Gehorsam.

Doch liegt der Sendungsauftrag für den Gesandten häufig nur im großen Rahmen fest; seine Breite, Variabilität, konkrete Inhaltlichkeit werden vom Gesandten bzw. Beauftragten von Fall zu Fall, in und aus der Situation entdeckt und wahrgenommen. An den Reaktionen der Empfänger des Sinnes oder Zweckes einer Sendung wird der Gesandte erprobt, die Sendung selbst konkretisiert, korrigiert und fortgeschrieben.

Im Rahmen des Sendungsauftrags werden dem Gesandten daher Flexibilität und Lernfähigkeit abverlangt. Gleichzeitig bieten sich ihm häufig Alternativen an: bei Abkürzungen, Werbung, Präsentation, Kompromissen, Gewinnerzielung, bei subjektiven Haltungen wie Wahrhaftigkeit oder Unwahrhaftigkeit. Der Gesandte hat so die Not, sich von Fall zu Fall seiner Sendung neu zu vergewissern, sie in neuen Situationen neu zu begreifen, Verlockungen abzuwehren, seinen Treue-Entschluss zu erneuern. Erneuert er von Echo zu Echo seine Treue zum Sendenden, opfert er zugleich eine Alternative, die er als der Sendung weniger entsprechend erkennt, wie auch ein Stück seines Ich, das von jener Alternative (zB persönlicher Vorteil) angezogen wurde oder wird. Gleichzeitig erneuert sich – durch die erneuerte Treue – seine Sendung durch den Absender (bis zur nächsten Wahl) und gewinnt einen konkreteren, der Situation entsprechenderen Inhalt als zuvor.

So formte sich auch das Geschick Jesu als von Gott Gesandten. Als Mensch der Zeit unterworfen, lernend, sich von Situation zu Situation neu orientierend, bedurfte Jesus – um sich seiner Sendung im Hier und Jetzt jeweils zu vergewissern und lockende, aber täuschende Alternativen abzuwehren (die ebenfalls Selbstverwirklichung verhießen) – der regelmäßigen Rückbindung an den „Vater". Das heißt: Jesu von Fall zu Fall erneuerte Treue zur Sendung des „Vaters" beinhaltete auch das Opfer – das Opfer in Form des Verzichtes auf alternative, je auch mögliche oder sich anbietende Gestaltungen seiner selbst, seines Ich.

In seinem Selbsterlebnis opferte er sich selbst immer wieder für je neue, auf die Situation antwortende Sendungen durch den „Vater" (s. Mk 1,35-38). Beispielhaft dafür sind seine drei Versuchungen (Mt = Lk 4) sowie sein Ringen in Getsemane (Mk 14,32-42; Mt 26,36-46; Lk 22,40-46).

Für die je neue Selbstvergewisserung über den Inhalt seiner Sendung hier und jetzt bedurfte Jesus immer wieder des Rückzugs von der Menge, auch von den Jüngern, also des Freiraumes für das Gebet, wofür die Evangelien wiederholt Zeugnis geben: Mk 1,35 / Lk 5,16; Mk 6,46 / Mt 14,23; 19,23; Lk 3,21; 6,12; 9,28; 11,1. Die betende Selbstvergewisserung Jesu über konkreten Inhalt und Weg seiner Sendung ist eines der stärksten Indizien seiner vollen Menschlichkeit.

Zugleich wird klar, dass nicht erst (oder gar nur) sein Tod, sondern schon seine gesamte Existenz- und Lebensleistung ein kontinuierlich erneuertes Opfer in dem genannten Sinne bedeutet.(44)

Man versteht so, wie der johanneische Jesus seine lebenslange Konsequenz charakterisiert: „Meine Speise (*brôma*) besteht darin, dass ich das Wollen dessen tue, der mich gesandt hat, und sein Werk vollende" (Joh 4,34). Der Sende-Wille des Sendenden wird ihm von Fall zu Fall zum Lebens-Mittel. Es ist also diese *ureigene* „Speise", die er im Abschiedsmahl den Jüngern zur „Speise" gibt.

In der Brotrede im Joh-Evangelium ist so auch keine Rede von Jesu Tod, sondern – unabhängig von Todesgedanken – von Jesus, der sich selbst, sein gehorsames Fleisch und Blut, zur Speise gibt:

Wenn ihr nicht esst das Fleisch des Menschensohns und nicht trinkt sein Blut, erhaltet ihr kein Leben in euch selbst. Wer mein Fleisch isst und mein Blut trinkt, erhält ewiges Leben (6,53f). Und: *Wer mich isst, wird auch leben durch mich* (v 57).

Man sollte deshalb Jesu Gabe seines Leibes und Blutes in Gestalt von Brot und Wein in sich betrachten, statt mit dem Wort „Blut" sogleich den Tod zu assoziieren, auch wenn die *Situation* den Abschied des Sprechers in die Passion einschließt. Die Situation des nahen Todes wird von Jesus selbst durch die Ankündigung benannt, das Passahmahl mit den Jüngern erst wieder in Gottes Königsherrschaft zu halten (Mk 14,25/Mt 26,29/Lk 22,16.18). Nur Paulus und Lukas erwähnen dabei noch eigens Jesu Tod bzw Leiden (1Kor 11,26/Lk 22,15).

(44) So auch *Knauer*, 246f; *Schillebeeckx* (1976), 272. 276.

Damit wird der Opfer-Begriff nicht überstiegen, doch wird er einzigartig zugespitzt. Einige Texte:

Höre, mein Volk, und reden will ich,
Israel, und zeugen wider dich:
Gott, dein Gott, bin ich!
Esse ich denn das Fleisch von Stieren
und trinke das Blut von Böcken?
Opfere Gott Dank (תּוֹדָה)
und erstatte dem Höchsten deine Gelübde!
Rufe mich an am Tag der Bedrängnis.
Ich werde dich herausziehen, doch du wirst mich ehren!
(Ps 50,7.13ff)

Herr, du mögest meine Lippen öffnen,
dass mein Mund dein Lob verkünde!
Denn du liebst nicht Schlachtopfer,
und brächte ich Brandopfer, du möchtest sie nicht.
Schlachtopfer, JHWH, ist ein zerbrochener Geist (רוּחַ),
ein zerbrochenes und zerknirschtes Herz
verachtest du nicht, JHWH. (Ps 51,17ff Übers. A. Deissler)

Preisen will ich JHWH`s Namen im Lied,
ihn hocherheben im Lobgesang (תּוֹדָה).
Dies gefällt JHWH besser als Rinder,
als Farren mit Hörnern und Klauen (Ps 69,31f Übers. A. Deissler)

Was soll ich JHWH zurückgeben (= erstatten für)
all seine Wohltaten für mich?
Den Becher der Heilstaten (יְשׁוּעוֹת) *will ich erheben*
und anrufen den Namen JHWH`s (Ps 116,12f)

Die genannten Psalmstücke lassen erkennen, dass sich der Gläubige des Ersten Bundes bewusst geworden war: die äußeren Opfer (Tiere, Sachwerte), die im herkömmlichen Opferkult Menschen vertreten, führen nicht in die Wahrheit und Tiefe der Beziehung zu Gott. Stattdessen erkennt er, dass das geistige Opfer, nämlich sowohl die bittende als auch die dankend-preisende Hingabe von Herz und Person eines Menschen das Gott eigentlich interessierende („wohlgefällige") Opfer ist. Sehr deutlich wird es ausgesprochen an einer Stelle im 40. Psalm, die im NT zitiert wird:

Schlacht- und Speiseopfer begehrtest du nicht,
doch Ohren hast du mir gegraben.
Brand- und Sündopfer heischtest du nicht.
Da sagte ich: Siehe ich komme! ...
Deinen Willen zu tun, mein Gott, begehre ich,
und deine Weisung ist mir Innerstes.
Die Frohbotschaft des Heils künde ich
in großer Versammlung (קָהָל, ἐκκλησία)
... von deinem getreuen Befreiertum spreche ich.
Ich verhehle nicht deine Bundeshuld und
deine Treue vor großer Versammlung (7-11; Übers. nach A.Deissler)

Der Autor des Hebräerbriefs legt dieses Psalmstück leicht verändert, jedoch sinnwahrend dem in die Welt eintretenden Christus in den Mund, spitzt die Aussage zu auf den Satz: „Ich bin gekommen (!), (o Gott) deinen Willen zu tun!" In diesem göttlichen Heilswillen seien auch wir geheiligt, nämlich „durch die Opfergabe der Person Jesu Christi ein für allemal" (*dià tēs prosphorās toū sōmatos Iēsoū Christoū ephápax.* 10,10).

Anmerkung: Wie man sieht, enthält der griechische Text das Wort „sōma", wörtlich „Leib", hier mit „Person" übersetzt, gemäß vorangegangenen Erläuterungen zum biblischen Sinn der Worte „Leib", „Fleisch". In Unkenntnis biblischer Spracheigentümlichkeiten und Begriffe gelangten *Ambrosius, Hieronymus, Augustinus* u.a. zur Gleichsetzung des biblischen „Fleisch"-Begriffs mit „Körper" (inklusive Sexualität) nach Art des antiken Dualismus. Die Gleichsetzung von „Leib" und „Fleisch" der Bibel mit „Körper" im physischen Sinne traf zusammen mit der Negativ-Wertung alles Physischen im spätantiken Zeitgeist, die ins Frühmittelalter hinein weiterwirkte. Maria – so dachte man – war zu preisen, da sie Jesus geboren hatte ohne den „unheilvollen Zwang des Geschlechtlichen" (nach P. Brown). Jesus erschien den Augen frommer Spiritualisten als der geborene Jungfräuliche, der diesen Sonder-Status noch dadurch hoch hielt, dass er sich nicht mit einer Frau „befleckte", d.h. unverheiratet blieb (Joh Apk 14,4 wurde und wird häufig in sexuellem Sinn missverstanden, weil man die biblische Prophetensprache ignoriert). Nach der verfehlten Gleichsetzung des biblischen Begriffs „Leib" mit „Körper" brachte Jesus Gott somit seinen „jungfräulichen" Leib zum Opfer. Daher konnte z.B. *Petrus Damiani* im Namen von Gleichgesinnten fordern, Christi „wirklicher" (vgl. *Berengar*-Kontroverse im Mittelalter) und „jungfräulicher" Leib, von der Jungfrau geboren, dürfe nur von jungfräulichen Priester-Händen berührt, konsekriert und gebrochen werden. Man sieht, wie fehlgehendes Verständnis biblischer Grundbegriffe zum einen Geschichte macht, zum anderen Jesu Lebensleistung – seine Selbst-Hingabe – verzeichnet, indem sie das Augenmerk vom Zentrum (Selbst, Person) weg an die Peripherie, ja in eine Äußerlichkeit rückt.

Die oben skizzierte Missdeutung war die unmittelbare Begründung dafür, dass auch die Priester, die Jesu Opfer darzubringen hatten, „jungfräulich“, also ehelos, sein sollten, wie es die damalige, auf monastische Erneuerung der Kirche setzende Führung der römisch-katholischen Kirche dann mit Brachialgewalt (so bis heute) zu erzwingen suchte. Im Hintergrund stand zudem das aus der Antike übernommene Vorurteil, wonach die Frau ein „misslungener Mann“ sei; ein Vorurteil, das, dem biblischen Zeugnis zuwider, in der Rivalität der Geschlechter dem männlichen (angstbetonten) Bedürfnis, die Frauen zu dominieren, willkommenes Motiv war.
O.g. Missdeutung des „Leibes Christi“, zwar theoretisch überwunden, steht erkennbar noch immer hinter Begründungs-Versuchen für die Zölibatspflicht der Priester. Das Umdenken ist in der Kirche noch nicht wirklich gelungen, braucht offenkundig Zeit. Dabei geht es, wohlgemerkt, wesentlich um das rechte Verständnis der Lebens- und Heilstat Jesu !

Jesu Selbsthingabe an Gott und seinen (Heils-)Willen ist das in den anderen Psalmen schon anklingende, einzige und alle anderen fortan ersetzende Opfer.
Jesu Hingabe an Gott in Leben und Sterben hat dieses sein Opfer einzig, endgültig, unüberholbar gemacht bzw hat Gott selbst sie als ein solches angenommen und beglaubigt.
Jesu Selbsthingabe entsprach ja dem Sendungsauftrag des „Vaters“, und in ihm lag auch die Ermächtigung (*exousía*) für Jesus, sein Leben einzusetzen (Joh 10,17f). Das NT bezeichnet diese Selbsthingabe Jesu an Gott, sein Selbstopfer an Gott oft als „Gehorsam“. Jesus war „gehorsam“ (*hypækoos*) bis zum Tod, sogar bis zum Kreuzestod (Phil 2,8).

Der „Gehorsam Christi“ (2Kor 10,5) war erkämpft, erlitten, denn an seinen Leiden hat er den „Gehorsam“ gelernt (Hebr 5,8). Sein Tod besiegelt Jesu Lebens-Gehorsam.
Er übt den „Gehorsam“ für seine Sendung, dieses geistige Opfer, auch aus, als er, Gott Dank sagend, beim Abschied den Jüngern Brot und Wein reicht als Anteilgabe an ihm und seinem Gehorsams-Opfer. Das Opfer ist also nichts anderes als „der Christus, der sich dem Vater anvertraute und als Speise sich uns anvertraute“.(45)
Jesu Abschied im Abendmahlssaal mit den Jüngern ist ergreifend, weil Jesus die Sendung des „Vaters“ erfüllt (er ist in Person Gottes Selbst-Mit-Teilung), indem er Brot und Becher nimmt und, über ihnen dem „Vater“ Dank sagend (gehorsam in Wort und Geste), jene an die Jünger weiter reicht und ihnen damit, dass sie davon essen und trinken, Anteil gibt – gehorsam in der Liebe – an ihm selbst, seinem Leben und seiner Hingabe an den „Vater“.(46)

Geheimnis, das die menschliche Vernunft
zum Entgleisen bringt:
das Leben ernährt sich vom Tod.
Nur in der Eucharistie
ernährt sich das Leben vom Leben

(Helder Câmara, Mach aus mir einen Regenbogen)

(45) *Rahner* (1985), 73
(46) Diese Einsicht entkräftet auch frühere reformatorische Vorhalte, Katholiken sähen im „Messopfer“ ein Opfer neben und zusätzlich zur Selbsthingabe Jesu an Gott bis hin zum Tod am Kreuz: *Frieling – Schöpsdau,* 34; *Welker*, 119f; (*W.* zitiert Schlussbericht des Dialogs zwischen Ref. Weltbund u. röm. Sekretariat für die Einheit d. Christen); s.a das dichte Resümee in *St. Winter*, Eucharistische Gegenwart (Regensburg 2002), 386-390 !

Dieses Verständnis wird von den *Gesten* des Vorstehers der Feier getragen. Nach altem Brauch erhebt er Brot und Kelch eine Handbreit über den Tisch (sog. Elevation), indem er die Gaben in die Danksagung an den „Vater" einbezieht. Er reicht sie, Dank sagend, dem „Vater" hin. Ist das Dankgebet abgeschlossen, reicht er die „eucharistierten" Gaben den Teilnehmern und teilt sie mit ihnen. Die beiden Gesten besagen daher eine zweifache Darreichung: Brot und Wein werden zu Gott erhoben und anschließend, gemäß der Sendung Jesu, der Gemeinde gereicht. Auch die Gesten legen daher die Stiftungsworte aus; m.a.W.: die Deute-Worte (*Spende-Worte*: *Schlink*) „das ist mein Leib", „das ist mein Blut" bzw. „der Becher ist der Neue Bund in meinem Blut" (ältere Version: *Theobald*) beziehen sich auch auf diese zweifache Darreichung – an Gott, an die Gemeinde – , die Darreichungsgesten sind Teil der Aussage, des Dankes für die Sendung des Sohnes wie auch der Gemeinde.

Diesem Grundsinn sollte das Gebaren des Zelebranten entsprechen. Die Erhebung(47) der Elemente, über denen er die Danksagung spricht, sollte als Zeichen der Hingabe Christi an den „Vater" und darin für „die Vielen" erkennbar bleiben und den Anschein von Opferkult oder, wie im Mittelalter aufgekommen, einer Aufforderung zur Anbetung vermeiden, da sie den Grundsinn der zweifachen Geste verdunkeln.(48) Diesem Grundsinn entspräche auch besser – worauf der Liturgiker *Klemens Richter* des öfteren hinweist – die stehende Haltung (zB um den Altartisch) der Mitfeiernden (Ausdruck ihrer „königlichen Priesterschaft") anstelle des Kniens (Büßerhaltung angesichts eines vermeintlich aktuellen Sühnopfers).

(47) Zu den im Mittelalter zur sog. Elevation assoziierten Motiven: *Power*,94f!
(48) Vgl. *Jungmann* (1962), I 158f; II 256ff

Gleichzeitig macht Jesus den Jüngern klar, dass nicht einmal der nahe, unverdiente, grausame Tod ihn hindert, den Liebesauftrag des „Vaters“ zu erfüllen, ebensowenig wie Verrat und Verleugnung aus dem Kreis der Jünger (Mt 26,21-25; Mk 14,30 Par; Joh 13). Insofern besiegelt der Tod Jesu Selbsthingabe, weil der ihm den Auftrag „bis aufs (tropfende) Blut“ erschwert (Lk 22,44) und er Treue und Gehorsam zu Gott abschließend „lernt“ im Angesicht des Todes (Mk 14,33ff.38 Par). Hierdurch gibt er den Jüngern den *ganzen* Anteil an ihm selbst.
Eine treffende Formulierung von J. Betz bringt das Geschehen auf den Punkt:
Es ist kein neuer, anderer Jesus, den sie [die Jünger] *im Abendmahl empfangen, auch wenn er nicht die natürliche Gestalt eines menschlichen Leibes, sondern die eines Brotleibes trägt ... Was in seinem Menschenleben sein Leib und sein Blut waren, nämlich Träger und Ausdruck seines Ich, sind nun im Abendmahl das Brot und der Wein*(49)

(49) Eucharistie, 53.- Hier öffnet sich ein Verständnis für den christl. Glauben an das personale Überleben des Todes.

2.6 ´Messopfer` als Sühne ?

Hat dieses Selbstopfer Jesu *sühnende* Bedeutung?
In seinem Buch über das „Meßopfer“ nimmt P. Martin alte, volkstümliche Vorstellungen vom Inhalt der Messfeier auf. Ihnen zufolge sei zu glauben, „dass Christus in der heiligen Messe wieder leide und geistigerweise getötet werde“. Weiter wird behauptet:
Christus hat sein Blut einmal sichtbar und schmerzlich vergossen, ein Schauspiel, bei welchem wir nicht gegenwärtig sein konnten. In der heiligen Messe wird diese Blutvergießung täglich wiederholt; denn es werden unsichtbarerweise seine Hände verwundet, seine Füße durchbohrt, seine Seite wird geöffnet, und sein Blut wird vergossen ... In der heiligen Messe schöpft der Priester durch die Worte der Wandlung das göttliche Blut gleichsam aus der Seite Christi, damit es fließe zu deiner Reinigung, zu deiner Heiligung und zur Verzeihung deiner Sünden(50)
Diese über lange Zeit von religiösen Erziehern empfohlene Sicht leidet an einer Engführung, die mit der biblischen Sicht nur äußerlich und scheinbar verbunden ist. Die Überlieferung der Abendmahlsworte (als authentische Stiftung) legt nahe, dass Jesus seine Existenz auf der Linie des Gottesknechtes sah, von dem es heißt,

(50) *Martin von Cochem,* 91f. Die Darstellung ist schon deshalb schief, weil sie Christus zum Objekt macht, an dem die Kreuzigung „unsichtbar“ erneuert werde. Recht verstanden aber ist Christus der eigentlich eucharistisch Handelnde, wie seit Vaticanum II auch die amtlichen Dokumente herausstellen, und ist der Zelebrant sein Werkzeug. Auch *Rahner* erklärt in aller Deutlichkeit: „Der menschliche Spender des Sakraments [der Zelebrant] vertritt nicht den abwesenden Christus, sondern repräsentiert in der Dimension des Zeichens den gegenwärtigen Christus, der durch sich selbst in seinem Pneuma die Gnade bewirkt“: (1967), 403

er werde sein Leben als „Schuld-(Sühn-)opfer“ einsetzen und die Verfehlungen/Sünden der Vielen tragen (Jes 53,10ff). Alle vier Versionen der Deuteworte reden ja zudem vom Blut des Bundes (Mk/Mt) bzw vom „neuen Bund in meinem Blut“(Paulus/Lk). Auch hier steht der „Gottesknecht“ bei Jesaja Pate, wird er doch zugleich als „Bund“ (*b^{e}rith - diathæke*), als Mittler des („neuen“: Jer) Bundes, für das Volk vorgestellt und angesagt (Jes 42,6; 49,8). Die Initiative geht von Gott aus, von Gottes Gerechtigkeit, seiner Huld (Gnade), wie betont wird (42,6; 49,8; vgl. Jer 31,34), mit dem Ziel der Befreiung der Blinden und in Finsternis Gefangenen. Sich selbst überlassen, bleibt der Mensch eingeschlossen im tödlichen Dunkel der Gottferne (biblisch: Sünde).

In diesem Sinn preist Paulus den Christus Jesus, der „uns von Gott her wurde zur Gerechtigkeit, Heiligung und Erlösung“ (1Kor 1,30).

Denn ihn, Christus Jesus, so Paulus, habe Gott – für die Augen des Glaubens – vor uns „hingestellt“ als „Sühnemittel in dessen Blut zum Erweis seiner (Gottes) Gerechtigkeit durch den Nachlass zuvor begangener Sünden ..., um zu zeigen ..., dass er selbst gerecht ist und gerecht macht den, (der lebt) aus Glauben an Jesus“ (Röm 3,25f; vgl. Eph 1,7).

Die Sühne-Theologie des Neuen Bundes sieht die Rolle des Priesters ähnlich wie jene des Ersten Bundes: dass der „Priester ... nur das kultisch vollzieht, was eigentlich Jahwe bewirkt“; er fungiert als *Zeichen* von Gottes Huld. (51) Auch die Aussage des Hymnus im Kolosserbrief dürfte in diesem Sinne zu verstehen sein:

(51) So die Charakterisierung der priesterlichen Sühne-Theologie im AT bei *Hossfeld*, 56; s.a. *Theobald*, 271 ff

In Christus will Gott alles, was lebt, versöhnen, indem er es ausrichtet auf ihn (Christus), der Frieden gestiftet hat „durch das Blut seines Kreuzes“ – eine abkürzende Sprechweise für Christi Hingabe seines Lebens (Blutes), die am Kreuz ihre unwiderrufliche Endgültigkeit erreichte.

Gottes Zuvorkommen in Verzeihung und Begnadigung vor all dem, was der Mensch tun könnte, ist im Rahmen der Ansage eines neuen Bundes klar genug: „Verzeihen werde ich ihre Schuld und ihrer Sünde nicht (mehr) gedenken“ (Jer 31,34).

Biblisch überflüssig, ja absonderlich ist die Vorstellung, Gott, ein strenger, auf Ersatzleistung bestehender Richter, habe seine vergebende Huld abhängig gemacht von einem nach Menschenart vollbrachten Sühnopfer. In ihr kommt eine Denkart zum Vorschein, die von der *Frohen* Botschaft noch nicht durchdrungen ist.

Im 8. Jahrhundert trat in der westlichen Kirche das „Gedächtnis“-Wissen zurück zugunsten der Meinung, der Priester verwandle in der Messe Brot und Wein zu Leib und Blut Christi, um diesen (unsichtbar anwesenden) Christus nun Gott als Sühnopfer für sich und die Gemeinde zu opfern.(52) Wird also das Eucharistiegebet „im Sinne einer antiken Opferung interpretiert ..., dann bringt man Fleisch und Blut Jesu Christi dar, aber nicht mehr sich selbst“ (*Kl. Richter* in einem Vortrag). Dann geschieht in der Tat eine „Transsignifikation“ der Gaben – jedoch eine andere, als die vom Neuen Testament gelehrte. Es ist ja uralte und im wesentlichen bewahrte Glaubenslehre aller christlichen Kirchen, dass Gott selbst durch seinen Geist die Gegenwart Christi im „Herrenmahl“ wirkt. In Frömmigkeit und Praxis wurde diese

(52) *Schillebeeckx* (1985), 194; *Sattler* (1994), 153

Lehre jedoch oft vermischt mit antik-vorchristlichen Opfervorstellungen, wonach der Priester mit seiner besonderen Macht („Weihevollmacht“ – *potestas consecrandi*) das Opfer Christi hier und jetzt *be*wirke.
Die Einheitsübersetzung suggeriert mit ihrer Wortwahl für Röm 3,25 fast eine solch andere Deutung: „Ihn (Jesus) hat Gott dazu bestimmt, Sühne zu leisten mit seinem Blut“. Die nächstliegende Assoziation zu solcher Wiedergabe ist die Idee von Christus als einer Art Sündenbock. Doch *kommt in den* o.g. *Psalmen deutlich* genug *zum Ausdruck, dass Gott vom Menschen anderes will als irgendein äußeres Opfer – nämlich dessen Ausrichtung in Herz und Verstand auf Ihn.*
Die Vorstellung vom sterbenden Jesus am Kreuz als blutigem Sühnopfer ist auch deshalb traditionswidrig, weil Israel bei allem Opferwesen wusste, dass bestimmte grobe, vorsätzlich, „mit erhobener Hand“ begangene Sünden (Götzendienst, Gotteslästerung, absichtliches Unterlassen und Brechen kultischer Vorschriften) unvergebbar waren: sie konnten durch stellvertretende Opfer nicht gesühnt werden, zogen die Ausmerzung oder Exkommunikation des Übeltäters nach sich. Die ersatzweise geleistete oder stellvertretende Sühne ist hier nicht möglich, da solche Haltung Gott selbst ausschlägt und zurückweist. Der biblisch Gläubige hatte offenbar ein tiefes Gespür dafür, dass jemand, der Gott als Gott ablehnt bzw sein Erbarmen für widergöttlich erklärt, sich, solange er so denkt, immun macht gegen Gottes vergebende Huld (vgl. Mk 3,29 Par). Das Paradigma vom stellvertretenden Leiden verdunkelt die Frohe Botschaft eher, als dass es sie erhellt. Nicht zuletzt widersetzt sich auch die alte Erzählung von Isaaks Opferung (Gen 22) der genannten Deutung. In der Urfassung wohl ein Zeug-

nis dafür, dass Israels Gott keine Menschenopfer will, ist sie in der Endfassung ein Dokument tieferer Glaubenserfahrung. Auch wenn der Mensch den Eindruck hat, es werde ihm im Laufe seines Lebens, der Geschichte, alles genommen, sogar das Liebste und Wertvollste, soll er unverdrossen der Weisung und dem Weg folgen, wie Gott ihn leitet. Am Ende wird er – wie Abraham, Hiob – die Erfahrung machen, dass er das Abgeforderte, das ihm Sinn und Zukunft seiner Existenz bedeutete, von diesem Gott gleichsam zurückempfängt und ihn darin erneut als Gott des Lebens erfährt.
Der Gott des NT ist kein anderer Gott. Das zeigt etwa die Auferweckung des Jünglings von Nain (Lk 7,11-17). Als Jesus eintrifft, trägt man einen Toten heraus: „den einzigen Sohn seiner Mutter, einer Witwe". Jesus erweist dem Todeszug nicht, wie üblich, Reverenz, sondern hält ihn an, tröstet die weinende Mutter, berührt den Kastensarg und redet den Toten an: „Steh auf!", genauer: „Werde auferweckt (*egérthæthi*)!" Der Tote setzt sich auf, beginnt zu ´lallen`, kommt wieder zu sich. Wörtlich schließt die Erzählung mit dem Akkord „da gab er (Jesus) ihn seiner Mutter (zurück)".
Hier kommt die Art des biblischen Gottes zum Vorschein. Ihre Verkündung gipfelt in der Botschaft: „So liebte Gott die Welt, dass er (ihr!) seinen einzigen Sohn gab, damit jeder, der auf ihn traut, nicht verlorengehe, sondern unvergängliches Leben empfange" (Joh 3,16). Gott verlangt keine Opfer, er verlangt auch nicht die Opferung Jesu, vielmehr schenkt er der Menschheit seinen einzigen Sohn, damit sie aus ihm Leben über Leben empfange. Daher gilt als ständig zu erinnerndes Korrektiv: „Das Messopfer ist nicht das Opfer zur Erlösung der Welt, sondern das Opfer der Erlösten".(53)

(53) *Jungmann* (1963), 120

2.7 Erinnerung oder Gedächtnis ?

Nun erfassen wir ohne Schwierigkeit die Aufforderung „Tut dies zu meinem *Gedächtnis*! (*toūto poeīte eis emæn anámnæsin*)“ Sie fehlt bei Mk und Mt, findet sich wörtlich bei Lk und Paulus, wobei dieser sie beim Becher wiederholt und sinngemäß abwandelt: „Dies tut, wenn und sooft ihr trinkt, zu meinem Gedächtnis!“(1Kor 11,25).
Nach den Wörterbüchern entspricht das griechische Wort „*anámnesis*“ im Deutschen einfach der „Erinnerung“. Man darf das nicht zu flach verstehen: die Wortbildung meint, dass einem etwas oder jemand „wieder“ (*aná*) in das Gedächtnis, in das Gedenken (*mnême*) tritt. Man macht sich etwas oder jemanden wieder gegenwärtig.

Wenn ein Arzt eine „Anamnese“ erstellt, will er nicht nur wissen, an welche früheren Krankheiten sich ein(e) Patient(in) erinnert, sondern er sucht einen Zusammenhang zu entdecken zwischen Unfällen, Beschwerden oder Krankheiten, die früher auftraten, und dem beschwerlichen Befinden dieses Menschen hier und jetzt – ein Gedächtnis oder ein Gedenken der Kranken*geschichte.* Das ist mehr als bloß Erinnerung. Es geht um den lebendigen Zusammenhang von Früher mit Jetzt.
Hier liegt eine Ähnlichkeit vor mit dem, was das „Tut dies zu meinem Gedächtnis!“ meint.
Im griechischen Alten Testament sagt die Vorschrift, der Passah-Tag solle jährlich als „Gedenken“ (griech. *mnæmósynon, mnæmoneúete*; für hebr.: *zāchar - zikkaron*) des Auszugs aus Ägypten mit Hilfe Gottes begangen werden (Ex 12,14; 13,3.8 LXX). Was Gedenken praktisch bedeutet, erklärt der Talmud:

„ ... deswegen sind wir verpflichtet, zu danken, zu preisen, zu loben, ... zu besingen Ihn, der unseren Vätern und uns all diese Wunder getan hat, der uns aus der Knechtschaft zur Freiheit herausgeführt ...“ (Mischna-Traktat P^{e}sachim).

Wer Gottes und seiner Wohltaten gedenkt, tut dies, indem er Gott *dankt* – und dieser Dank ist zugleich Lobpreis Gottes.

So auch bei Jesus. „Tut dies zu meinem Gedächtnis“ besagt ein dankendes Lobpreisen Gottes im Gedenken an Jesus, der Entsprechendes zur Einleitung des Abschiedsmahles tat:

„Er dankte“ (*eucharistæsas*: 1Kor 11,24; Lk 22,19; Mk 14,23; Mt 26,27; bei Mk und Mt tritt noch „lobpreisen“ [*eulogæsas:*(54) 14,22; 26,26] hinzu). Zum Gedenken an Jesus gehören auch die Stiftungs-Worte über Brot und Becher sowie das Brechen des Brotes und Umherreichen des Bechers. Es wäre aber eine Verengung (die freilich häufig unterläuft), unter Gedenken oder „Gedächtnis“ Jesu nur die überlieferten Deute-Worte und -Gesten zu verstehen.

(54) „Das tut“ meint die ganze Handlung, nicht nur die Stiftungsworte: *Theobald* 271. *Th. Söding* (CiG 17/2011, S.183) konstruiert hier einen „kleinen Unterschied“. Zwar stünden sowohl *eulogein* wie *eucharistein* in der formalen Tradition der jüdischen *berakha*, seien das letzte Mahl Jesu wie die „hl. Messe“ daher primär als Gebet gekennzeichnet. Doch gebe die Übersetzung „segnen“ (statt „lobpreisen“) einen „katabatischen“ Akzent: Gottes Segen werde über das Brot *herab*gerufen. Darin werde „ein priesterlicher Gestus Jesu“ sichtbar (die spätere sog. *Konsekration* der Priester). Dass diese (nur bei Mk/Mt) auffindbare Variante einen speziell „priesterlichen Gestus“ in Jesu Handeln aufweise (den folglich das Wort „Eucharistie“ bei Ps/Lk nicht enthalte), klingt wie ´Eisegese`, trägt zudem einen Priester-Begriff ein, der der damaligen Welt (auch dem AT) fremd war. Das Tischgebet des jüd. Hausvaters wertet S. zudem als bloße Konvention ab.

Daher formuliert das unter dem Namen des Hippolyt tradierte Hochgebet: „Gedenkend also seines Todes und seiner Auferstehung bringen wir Dir (Gott!) das Brot und den Kelch dar, indem wir Dir Dank sagen, dass Du uns für würdig befunden hast, vor Dir zu stehen und Dir zu dienen“ (es folgt die Bitte um den Hl.Geist).
Das ist Anamnese in ihrer kürzesten Form. Recht verstanden *ist schon die Präfation (Anaphorá), ja der ganze vorausgehende Wort-Teil (Gebete, Lesungen, Homilie) Anamnese, d.h. „Gedächtnis“ Jesu, da sie ja verrichtet werden und bezogen sind auf das „Tut dies zu meinem Gedächtnis!“ gleichsam als die zu Gott aufblickende, gedenkend-dankende Einweihung und Einweisung in Jesu Tun „für uns“.*
Deshalb betont der Liturgiker den Grundsatz: „Die Feier der Eucharistie ist zwar Opfer ..., aber zuerst ist sie Gedächtnis“ (*Jungmann*, 1963, 115).
Weshalb aber ist das mehr als ein Erinnerungsstück, mehr als eine der gewöhnlichen Gedenkfeiern? Nochmals sei erinnert: Die Grundeinsicht für dieses gedenkende Begängnis stammt aus der Passah-Feier in Israel: „In jeder Generation ist ein Mensch verpflichtet, sich selbst so zu betrachten, als ob *er* aus Ägypten gezogen sei ... darum sind wir verpflichtet zu danken, zu loben, zu rühmen ... zu huldigen dem, der an unseren Vätern und an uns allen diese Wunder getan hat“.(55)
Die talmudische Regel ruht auf Moses Weisung an das Volk: „Konfrontiere deinen Sohn an diesem Tag (Passah) mit dem Wort: Dies hat getan der Herr (JHWH) für *mich*

(55) Talmud, Mischna P[e]sachim X.- *Theo*logische Heimat des NT ist vorab das AT. Antike Mysterienkulte galten erst als Konkurrenz, später adoptierte man eher flüchtig Teil-Momente (zB *kahal,* Gemeinde, i.S.v. *koinōnia*, bei Paulus).- Zu frühchristl. Passah-(Oster-) Homilien s. *Power*, 105ff !

bei *meinem* Auszug aus Ägypten!" (Ex 13,8) Das meint: Die israelitische Heilsgemeinde feiert den Passah-Tag als heute lebendige Gegenwart von Gottes Befreiungstat aus ägyptischer Fron. Anders gesagt: Gottes Befreiungstat reicht herein bis in unsere Zeit und Gegenwart, sofern wir (heutige Israeliten) diese Gottestat dankend-gedenkend hier und jetzt begehen. Die *Exodus-Befreiung* wird nicht von „uns" (Israel) wieder-hergestellt, ver-gegenwärtigt (etwa als Aufführung oder rituelle Wiederholung,(56), sondern *der Herr macht* sie für uns Feiernde *zu unserer Gegenwart, wofern wir Seiner und ihrer dankbar gedenken.* Israels Befreiung durch Gottes Hand wird ´Realpräsenz` für diejenigen, die ihrer am Passah-Tag dankend gedenken. Die dankend Feiernden empfangen Lebens- und Befreiungs-Gemeinschaft (*communio*) mit dem befreienden Gott und ihren befreiten Vätern. Sie sind nun selbst Befreite, vom Gott ihrer „Väter" und mit ihnen in Freiheit Gesetzte.

Mit diesen Klärungen können wir nun auch Wesentliches über den Sinn der „Wandlung" in der Eucharistiefeier erfassen. Schon die Urkirche hat Jesu Abschiedsmahl als neue, von Jesu Schicksal her neu zu deutende Passah-Feier verstanden (Mk 14,12 Par) und Christus als „Passah-Lamm" bezeichnet (1Kor 5,7), womit sie nahelegte, die Eucharistie analog zur Passahfeier als gedenkendes Begängnis zu verstehen und zu feiern.

(56) Dazu neigt spätmittelalterl. Volksglaube und auch noch die ´Messopfer`-Deutung in *O. Casels* Mysterien-Theologie.

Du hast auch mich aus Ägypten gerufen,
Ägypten bin ich, ohne dich.
Du rufst mich heraus aus mir selbst,
in dein Geheimnis und Leben,
und willst mir zu essen geben.
So sehr liebst du uns, liebst du mich.-
Du hast auch mich aus Ägypten gerufen.
Ich hör deinen Ruf,
hier bin ich.
Führ mich heraus aus mir selbst,
damit ich mich zuwend den andern,
die alle mit mir
dich rufen hören und wandern,
gemeinsam im Glauben an dich.

(Silja Walter, zu Hos 11,1-4)

3. Vom Sinn der „Wandlung“

Den Basissatz für das Verständnis hat *Paulus* hinterlassen: „Ein Brot, ein Leib (*sōma*) sind wir, die Vielen, denn alle haben wir teil an dem einen Brot“ (1Kor 10,17). Davon ausgehend formuliert das 2. Vatikanische Konzil mit *Augustinus*: In den um den Altar gescharten Gemeinden, seien sie auch klein und arm, „ist Christus gegenwärtig, durch dessen Kraft die eine, heilige, katholische und apostolische Kirche geeint wird“ (!).
Zur Bestätigung zitiert das Konzil *Leo den Großen*: „Nichts anderes wirkt die Teilnahme an Leib und Blut Christi, als dass wir in das übergehen, was wir empfangen“.(57)
Augustinus führt einmal neue Christen ein in ihr Bekenntnis beim Empfang der Kommunion: „Weil ihr der Leib Christi und seine Glieder seid, deshalb liegt euer eigenes Geheimnis auf dem Altar. Ihr hört ´Der Leib Christi` und antwortet ´Amen`. Seid also ein gutes Glied am Leib Christi, damit euer ´Amen` wahrhaftig sei!“.(58)
Das greifen die nach der Liturgiereform des letzten Konzils herausgegebenen Hochgebete II-IV auf: Heißt es in II noch allzu knapp: *Schenke uns Anteil an Christi Leib und Blut und lass uns eins werden durch den Hl.Geist,* formuliert III deutlich: *Stärke uns durch den Leib und das Blut deines Sohnes und erfülle uns mit seinem Hl.Geist, damit wir ein Leib und ein Geist werden in Christus*; und IV: *Gib, dass alle, die Anteil erhalten an dem einen Brot und dem einen Kelch, ein Leib werden im Hl.Geist, eine lebendige Opfergabe in Christus.*

(57) *Leo der Große*, Sermo 63,7, zitiert in Dogmat. Konstitution Über die Kirche (Lumen Gentium) Nr.26
(58) *Augustinus*, Sermo 272; zit. z.B. bei *Hübner*, 192; *Knauer*, 246, fr. *Emile*, 23

Wie also ist der Satz Leos gemeint, in der Kommunion gingen die Christen in das über, was sie empfangen? Wieder bietet Paulus entscheidende Hinweise. Zunächst im Römerbrief:

Ich dränge euch nun bei Gottes Erweisen Seiner Huld, eure Leiber bereitzustellen als lebendige, heilige, Gott gefällige Opfergabe, als euren geistigen Gottesdienst ! (Röm 12,1)

Er hatte zuvor ein anderes Thema behandelt.(59) Er sorgt sich um die Zukunft, die seine angestammte Glaubensgemeinschaft Israel bei Gott hat, und entwickelt von da aus die Beziehungen der Christen zu Israel. Gottes Heils-Gaben an Israel und seine Berufung sind reuelos (11,29), erkennt er. Und: Wie die Völkerwelt, aus der seine Christen stammen, Gottes Barmherzigkeit gefunden habe, werde auch Israel trotz seines derzeitigen „Ungehorsams" einmal Gottes Erbarmen finden.

Die Einsicht in die Wege von Gottes Weisheit und Erbarmen stimmt Paulus so froh, dass er, tief bewegt, sich an seine Christen wendet:

Ich dringe in euch, ich bitte euch inständig, ich beschwöre euch ... (*parakalô*: Röm 12,1)

Was erbittet er von den Christen so eindringlich? Den größtmöglichen *Dank*, nämlich *die Bereitstellung eurer Leiber (Körper) als Opfer* – Bereitstellung (*parástasis*) ist ein technischer Ausdruck der antiken Opfersprache. Das mit „Opfer" übersetzte griechische Wort (*thysía*) meint in der Tat das Schlacht-opfer. Doch sollen die Christen ihre *Körper* (*sômata*) – schlachten, um sie zu opfern?

(59) Zum Folgenden s. *K. Fischer*, Vom Geist der Zeit und von der Zeit des Heils, in: *ders*. (1998), 15-41; (2009), 23-36

Das klingt grotesk und abwegig.

Doch Paulus denkt und spricht biblisch. Mit Leib oder Körper (*sôma*) meint er – wie wir sahen – den leibhaftigen Menschen, den Menschen, wie er ´leibt und lebt`. Leib / Körper meint den leibhaftigen Menschen ´in Person`.

Es ist kein anderer Gedanke als der, den Paulus schon zuvor äußerte, als er die Getauften auffordert, *sich selbst* (*heautoús*) *bereitzustellen* (für Gott – Röm 6,13).

Die Christen sollen sich selbst darbringen, sich selbst zum Opfer darbringen.

Was heißt das? Rekapitulieren wir hier kurz schon Bekanntes. Gehen wir aus von dem griechischen Wort *thysía* für „Opfer". Das Wort meint die Opferhandlung *oder* das Opfer-Tier. Der antike Mensch pflegte der Gottheit ja ein Tier oder eine Sache zu opfern *anstelle seiner selbst, ersatzweise für ihn selbst.* Hier soll aber das Opfer nicht ein Ersatzobjekt, sondern das Opfer soll der Mensch selber sein, er selber, wie er ´leibt und lebt`. Er soll in Person *Opferer und Opfer* sein, soll *sich* opfern.

Wie soll man sich das denken?.

Erinnern wir uns: Im ganzen Zusammenhang versteht Paulus das Opfer als *Dank* an Gott.

Um *Sühne* geht es hier nicht. Christen sollen mit ihrer Lebensleistung keineswegs Sühne leisten für eigene oder anderer Verfehlungen. Paulus sieht (wie erwähnt) jegliche Sühne ein für alle Mal erbracht. Wenige Kapitel zuvor stellt er klar: zwar sind alle Menschen vor Gott Sünder, doch werden sie gerecht gesprochen *geschenkweise* (*dôreán*), *durch seine* [Gottes] *Gnade durch die Ablösung (apolýtrôsis) in Christus Jesus, den Gott zu dem durch Glauben* [zu erlangenden] *Sühnemittel mit seinem Blut vorbestimmt hat* (Röm 3,23f).

Da von Gott selbst gerechtfertigt, sind Christen „Heilige“ oder „Geheiligte“ (worauf Röm 12,1 anspielt). Dies hat auch der Autor des Hebräerbriefs im Blick: Christen sind *Geheiligte ein für allemal durch die eine* [einmalige: *miâ*] *Opfergabe (prosphorá) des irdischen (sôma* – wörtlich: *des Leibes) Jesus Christus* (10,10.14).
Anderswo sagt Paulus von der geschenkhaft empfangenen Heiligkeit der Christen: sie gehörten nicht mehr sich selbst, sondern Gott; sie sollten ihr Leben daher als Gottesverehrung führen (1Kor 6,19f; vgl. Röm 6,22).
Das setzt voraus: Jesus wird schon in der frühen Kirche gesehen als der, der wie Gottes Knecht (Jes 53) sich die Sünden der Vielen auflädt: nicht, um jene durch sein eigenes Blut zu sühnen (auch wenn er von außen so gesehen wird: „verachtet“, als „Verbrecher“, von Gott gestraft, verkannt v 3f), sondern um die von ihrer „Krankheit“ Geplagten, von ihrem Daseins-Schmerz Belasteten zu tragen, für sie einzutreten und sie durch seine eigene Gottverbundenheit, seine bis in den Tod am Kreuz festgehaltene Hingabe aus ihrer gottfernen Heillosigkeit zu retten. An ihm, in dessen Inneres Gott sein Gesetz gelegt, auf dessen Herz Er es geschrieben hat (vgl. Jer 31,33), dürfen die Vielen Anteil gewinnen, indem sie, gedenkend-dankend zusammenkommend, sich scharen um ihn, damit sie sein Leben, seine Hingabekraft je neu empfangen. (60)

Wer sind „die Vielen“? Darüber ist mit ´Litteralisten` eine Kontroverse entstanden. Sie beharren, zumal für die Spendeworte Jesu, auf der lateinischen Version „pro multis“. Im Lateinischen sind „multi“ zu übersetzen mit „viele“. Sie kritisieren, dass bei Messfeiern vor allem im deutschen Sprachraum gesagt wird „für alle“.

(60) Eine ähnliche Sicht scheint auch die Erörterungen in Papst *Benedikts XVI.*, Jesus II (146-158), zu leiten.

„Alle“ heißt im Lateinischen „omnes“ (oder „cuncti“). Für sie ist traditionell vom lateinischen Wortlaut auszugehen, weil das Latein offizielle Kirchensprache ist. Sie übersehen aber, dass der lateinische Wortlaut, wo er Bibel oder Liturgie wiedergibt, selber eine Übersetzung (Hieronymus, Anfang 5. Jh!) aus den biblischen Sprachen Hebräisch und Griechisch darstellt. Dabei ist zu berücksichtigen, dass das Latein keine Artikel kennt. Die Theologen sind sich einig, dass der Zusatz „für viele“ bei den griechisch überlieferten Stiftungsworten (Mk: *hypér pollōn*; Mt: *perì pollōn*) auf die Formulierung im 4. Gottesknechtslied bei Jesaja zurückgeht, wo es heißt, der Knecht werde tragen bzw sich aufladen die Sünde(n) von vielen und trete für sie ein (53,11f). Im hebräischen Text kehrt die Formulierung „rabbim“ (viele) dreimal wieder: zweimal mit bestimmtem Artikel (ha-rabbim), einmal ohne. Ein inhaltlicher Unterschied ist dabei nicht zu erkennen. Die griechische Version (Septuaginta) setzt in allen drei Fällen das griechische Wort „polloí“ (viele), ohne Artikel (der Ausdruck mit bestimmtem Artikel „hoi polloí“ ist despektierlich: „die Masse“). Seit *J. Jeremias,* einem in Palästina aufgewachsenen Sprachkenner, geht man davon aus, dass „harabbim“ eine unbestimmt große Menge, die unabgezählte Gesamtheit im Sinne von „alle“ meint (ohne etwaige Reste auszurechnen). Es handelt sich um eine Spracheigentümlichkeit, die das Deutsche auch kennt, jedoch in umgekehrter Richtung: „Beim Fall der Berliner Mauer war die *ganze* Stadt auf den Beinen“: mit „ganz“ meint man nicht mathematisch ´alle bis auf den letzten Mann`, sondern sehr viele, die meisten (ohne eigens die zu berücksichtigen, die das Ereignis verschlafen hatten).

In der Bibel sind „alle“ und „viele“ oft austauschbare Begriffe, wie ein Beispiel zeigt: „Strömen werden (zum Haus des Herrn) *alle* Völker, und gehen werden *viele* Völker“ (Jes 2,2f). Oder: „Richten wird er zwischen *den* Völkern, entscheiden wird er unter *vielen* Völkern“ (Jes 2,4). Die Parallel-Aussage nuanciert das im Vordersatz Gesagte sprachlich, nicht inhaltlich. So sind offenbar auch die auf Jesus bezüglichen Aussagen, er sei gekommen, sein Leben zu geben als Lösegeld „für viele“ (*antì pollōn*: Mk 10, 45 Par); er gebe sein Blut, ausgegossen „für viele“ (Mk 14,24 Par); er sei einmal geopfert worden, um die Sünden „vieler“ wegzunehmen (Hebr 9,28), wegen ihrer Verbindung mit Jes 53 in summarischem Sinne (nicht quantitativ) gemeint. Dieser Einsicht konnten sich auch die letzten Päpste nicht verschließen, wie es Johannes Paul II. in seinem letzten Gründonnerstagsbrief (von 2005) und Benedikt XVI. (im 2. Band seines Jesus-Buches) zum Ausdruck brachten.

Maß nehmend an Jesu Selbsthingabe bis zum Kreuz „mit seinem Blut“ sollen die Christen, nach Röm 12,1, sich selbst, ihre Existenz, Gott darbringen als Opfer des Dankes und der Gemeinschaft.
Anders als bei Schlachtopfern sind Christen berufen zu einem „lebendigen Opfer“ (*thysía zôsa*), das, ähnlich den früheren Opfergaben, auch makellos („Gott gefällig“) sein soll.

Sprachliche Anmerkung zum Verständnis: Was besagt die Anfügung (Apposition) *logikè latreía*? *Latreía* steht hier für Gottesdienst. Das griechische Beiwort *logikós* hat einen weiteren Radius als das Lehnwort „logisch“. Hier betont es den Gegensatz zum *Objekt* (Sache, Tier) eines Opfers, legt den Akzent auf das *geistig-personale Opfer* (Selbst-Opfer).

Bindeglied zwischen der Selbsthingabe *Christi* und der Selbstgabe, dem Lebens-Opfer der *Christen*, wovon Paulus spricht, ist die Eucharistiefeier zu „seinem Gedächtnis“, der Gedenk-Dank der Christen in und mit Christus. *Gott der Herr macht* die personale Opfer-Gabe Jesus Christus für die Feiernden zur Gegenwart (daher die im Dank enthaltene Bitte um den Heiligen Geist) und schenkt Gemeinschaft mit ihr (= mit ihm), sofern sie, Jesu gedenkend, Gott danken. Ein ökumenischer Arbeitskreis brachte den Sachverhalt treffend auf den Punkt. „Opfer der Kirche meint also nicht Darbringung einer uns gegenüber stehenden heiligen Gabe auf dem Altar an Gott durch die Hand des menschlichen Priesters, sondern Eingehen der Kirche in die Hingabe Jesu Christi, d.h. *Darbringung unserer selbst* durch, mit und in Jesus Christus *als lebendige Opfergabe*“.(61)

Ökumenische Anmerkung: Der wesentliche Zusammenhang wird heute auch ökumenisch so gesehen: *Thurian*, 11-20; *Lima*-Erklärung über die Eucharistie II B 5-8 (von 1982); *Lehmann / Pannenberg*, 91f; *Welker*, 140ff; *EKD*, Das Abendmahl., 38-42. Jedoch bleibt in den (Konsens-) Dokumenten unterbelichtet, dass die Vergegenwärtigung, Ver-heutigung des Abschiedsmahles Jesu in der Eucharistiefeier von den Feiernden geglaubt wird *in Analogie* zur Vergegenwärtigung der Befreiungstat (Exodus) Gottes an Israel im Passah-Mahl, indem derselbe Gott in gedenkendem Danken angerufen wird, dass ER die Feiernden hier und jetzt teilhaben lasse an Seiner den Vätern geschenkten Befreiung. Analog wird der gedenkende Dank in der Eucharistie realisiert im Gedächtnis der Heilstat Gottes in Christus durch Lesungen, Homilie, hochgebet-

(61) K. Lehmann / E. Schlink (Hg), Das Opfer Jesu Christi u. seine Gegenwart in der Kirche, 237, zit. bei *Schlink* (1985), 513;

lichen Dank sowie Bitte um ´Realpräsenz` des Christus-Heils auch mittels der *species* von Brot und Wein durch Gott selbst in der Sendung des Geistes (Epiklese).

Fachliche Anmerkung: Hier hat der Begriff Sakrament seinen Ort. „Sacramentum“ ist der lateinische Ausdruck für das griechische Wort „mystérion“, Geheimnis. Die Rede vom Geheimnis meint in der Kirche Gottes (Heils-) Geheimnis, das offenbarte „Geheimnis seines Willens“ (Röm 16,25ff; Eph 1,9). Ur-Sakrament ist also stets Jesus Christus als das enthüllte Geheimnis von Gottes Heilswillen. Alle sieben Sakramente (traditionelle Zählung) sind daher sowohl Offenbarungs- wie auch Zugangsformen dieses Christus-Geheimnisses, verankert in der Kirche als Grund-Sakrament. Schul-Theologie unterscheidet drei Aspekte eines Sakramentes: seine ´Materie`, seine ´Form`, seine ´Sache` (res). Die ´Sache`, um die es geht, ist jeweils der österlich lebende Christus als Heilbringer; er wird – in verschiedenen Hinsichten – dem Empfänger des Sakraments ´mitgeteilt` - besser sagt man: die Empfänger eines Sakramentes erhalten – unter verschiedenen Aspekten – Anteil an Christi Existenz. Die ´Form` des Sakraments ist das begleitende und deutende Wort. Seine ´Materie` ist eine Sache (zB Wasser, Brot), eine Gestalt, eine geprägte (rituelle) Handlung. Insgesamt ist ein Sakrament ein Zeichen – ein geistig-leibliches Realsymbol – für die Selbstmitteilung Gottes in Christus zu Leben und Heil (inklusive Versöhnung) der Menschen. Die betend-dankend-vollziehende Handlung, die wir Eucharistie nennen, ist dieses Zeichen (in Form des Wortes und der ´Materie` der Gaben und Handlungen). In der Feier der Eucharistie als Zeichen ereignen sich Gottes Huld und Liebe (Gnade) an *den Feiernden,*(62) *indem sie ihnen Anteil gewährt an Leben und Existenzform Jesu Christi, also an seiner Hingabe an Gott. Daher heißt es in den nachkonziliaren Hochgebeten: „Er (Christus) mache uns auf immer zu einer Gabe, die dir wohlgefällt (= makellos)!"* [III] - *„Gib, dass alle ... ein Leib werden im Hl.Geist, eine lebendige Opfergabe in Christus zum Lob deiner Herrlichkeit!"* [IV]

Gegen Ende seines tiefgründigen Römerbriefes (15,15f) schlüsselt der Apostel diesen Gedanken noch weiter auf. Er beruft sich auf die ihm verliehene Gnade, dazu gegeben, dass er *ein Liturge Christi Jesu sei für die Völker,* indem er *nach Art eines Priesters die Frohe Botschaft Gottes behandle, damit die Opfergabe* (*prosphorá*) *der Völker* [Gott] *gefällig sei, geheiligt im Heiligen Geist.*

(62) Die bleibende Beziehung eines erinnerten Ereignisses zu Gegenwart u. Geschichte ist, nach *Power*, „the crux of a current eucharistic theology". P. legt starkes Gewicht auf die narrative Brücke, die Erzählung oder Rezitation des einmalig-urgeschichtlichen Ereignisses – grundlegend auch für die Eucharistie. Auch hier sei die Sprache „das Medium, durch das Gott sich ereignet" u. die früher geschehenen Heilsereignisse präsent macht, indem Er erneut in menschlicher Kontingenz (Wort, Sprache, Zeugnis) Mensch wird (aaO bes. 305-311). P.s Sicht ist m.E. unvollständig, was schon ein Halbsatz wie „through the narrative Christ events again" zeigt. Es geht ja nicht nur um Erzählen, sondern auch um Handeln und Wirken („to event / to advent"). Die Eucharistie feiernde Gemeinde sagt im Wort des Zelebranten nicht nur: Gott ist anwesend!, sondern sie antwortet (gedenkend-dankend) Gott, der sie vordem, so auch hier und jetzt anspricht und an ihr handelt. Die Begrifflichkeit von Dialog u. Kommunikation ergänzt und fundiert den narrativen Aspekt, nimmt ihn mit in die Beziehung zwischen Gott und Mensch, die sich hier und jetzt ereignet.
P. objektiviert zu stark die Begegnung zwischen Gott in Christus und Gemeinde. Auch fasst er das eucharistische Gnaden-Geschehen zu ausschließlich unter den Leidens-Aspekt („suffering") bei Christus, bei der Gemeinde.

Der griechische Ausdruck *prosphorá* für Opfergabe wird bis heute im orthodoxen Gottesdienst verwendet für die Oblate, das heißt, für das zu eucharistierende Brot. In den Liturgien des Ostens wie des Westens wird das eucharistische Hochgebet/Dankgebet verstanden als Anrufung (*Epiklese*) Gottes über Brot und Wein: ER (bzw. Sein Heiliger Geist) möge sie heiligen (*consecrare*) zu Leib und Blut Christi.(63) Das lateinische Wort *hostia* (Opfertier; griechisch *prosphorá*) wird analog auf das Brot angewandt, um den Glauben anzuzeigen, dass durch es der bis in den Tod hingegebene, lebendige Christus den Empfängern des Brotes begegnet.

Wenn wir nun den eben zitierten Satz des Apostels genau nehmen, will er sagen: die Völker, über die ich das Evangelium ausspreche, werden dadurch, gleich wie durch eine von mir getätigte Epiklese – die Epiklese des Evangeliums – , „geheiligt im Heiligen Geist“, sind eben damit eine *Hostie* (eine geheiligte Oblate).

Was will dieser für viele überraschende Gedanke konkret, in der Lebenspraxis, besagen?

Der Autor des Epheserbriefs, ein Paulus nahestehender Theologe, gibt die Richtung der Antwort vor. Er ermuntert die Christen, „Nachahmer Gottes“ zu werden, indem sie sich an die Liebe halten,

wie auch Christus uns geliebt und sich selbst für uns hingegeben hat: als wohlriechende Gabe (prosphorá) und Opfer (thysía) für Gott (5,1f).

(63) *Berger*, 111; *Kahlefeld*, 130-141

Die Liebe Christi wird erklärt als seine Selbsthingabe an Gott für die Menschen. Selbsthingabe an Gott für die Menschen soll auch die Lebens-Form der Christen werden. So werden auch sie von Gott geheiligte Opfergaben, Oblaten, Hostien werden für andere.
Im Hebräerbrief wird der Sachverhalt ähnlich gesehen: *Durch ihn* [Jesus – v 12] *lasst uns ein Opfer des Lobes hinauf tragen* [zum Altar] *alle Zeit* [oder: *durch alles Tun*: dià pantós]! *Gutes tun und Miteinander teilen vergesst nicht; denn an solchen Opfern hat Gott Gefallen* (13,15f).
Auch hier wird die Lebens-Form der Liebe zu Form und Inhalt auch des Opfers.
Paulus verfolgt diesen Gedanken in 1Thess 5,18 bis ans Ende:
In allen Dingen danket (en pantí eucharisteîte); *denn das ist Gottes Wollen in Christus Jesus im Blick auf euch!*
Die gängigen Übersetzungen sagen hier schlicht: „Seid dankbar in allem!“ oder gar: „Dankt für alles“!
Was Paulus anmahnt, ist aber tiefer zu verstehen: Seid/lebt/handelt eucharistisch in allen Dingen, in allem, was ihr denkt und tut! Vollzieht euer Leben als lebendige Eucharistie! Lebt eure Existenz als in Christus durch den Heiligen Geist geheiligte Gabe (Oblate), als wahre Hostie!
Indem Christen, ihr Leben in Christus Gott übergebend, zur Opfergabe, zur Hostie werden für andere, sind sie nicht isolierte Einzelne in einer Privatreligion. Denn das Leben aus Christus drängt sie zu anderen hin, zu Begegnung und Gemeinschaft. Sind sie doch schon selber Christen geworden durch die Opfergabe anderer Christen, die vor ihnen zu diesem Dienst als Hostien vom Heiligen Geist berufen und geheiligt wurden.

Daher bilden sie gemeinsam einen Leib, den Leib Christi, und begreifen sich als Glieder dieses einen Leibes (Röm 12,4-6; 1Kor 6,15.19; 12,12-31; Eph 5,30), das heißt, des Christus in Person.

Heilige Kommunion besagt ja „heilige Gemeinschaft" (*koinōnía, communio*). Die Gemeinschaft mit Christus, die Christen kommunizierend empfangen, vereint sie zwar zuvor mit ihm, aber „durch ihn und mit ihm und in ihm" vergemeinschaftet sie sie auch untereinander und miteinander,(64) drängt sie auch zu jenen, die sich draußen, auf den Straßen und Plätzen, aufhalten; auch sie sollen sie zum „Hochzeitsmahl des Königs" rufen (Mt 22,9).

Die Kommunizierenden – betonen Paulus, Leo und Augustinus – sollen sich dieser Berufung bewusst sein und sie sich durch ihr „Amen" jeweils neu aneignen.

Damit dürfte auch deutlich sein, wie Paulus die *„Wandlung"* versteht. Zweimal gebraucht er das zugehörige Zeitwort „verwandeln" (*metamorphoūn*) in der mediopassiven Form. Die eine Stelle ist unmittelbare Fortsetzung des schon kommentierten Verses Röm 12,1. Zunächst hatte Paulus die Christen aufgerufen, sich selbst, ihre leibhaftige, also persönliche Existenz „bereitzustellen" als lebendiges und heiliges Opfer. Diesen allgemeinen Aufruf konkretisiert er im Folgevers: Christen sollten nicht die Art (*schēma*) dieser Welt annehmen, „sondern werdet verwandelt (medial: lasst euch verwandeln: *metamorphoūsthe*) durch ´Aufneuung` des Denkens, um entscheiden zu können, was der Wille Gottes ist" (12,2).

(64) Dazu ausführlich *Küng* (1968), 264-268; *ders.* (1994), 105ff; *Joh. Paul II.*, Nr. 40ff; orthodox: *Metallinos*, 162f !

Glieder des Leibes Christi (v 5), sind sie berufen, als in Christus *Verwandelte* Welt und Menschen neu zu begegnen.(65) Ihre Lebenspraxis ist „in Christus" verwandelt, in ihm sind sie „neue Geschöpfe" (2Kor 5,17; Gal 6,15), welche als Oblaten, verwandelte Brotstücke und Becher Welt und Menschen neu begegnen.
Sie spiegeln – nach des Apostels Rede – „mit aufgedecktem Antlitz die Herrlichkeit des Herrn und werden durch den Geist des Herrn in eben dieses Bild *verwandelt* (medial: lassen sich in es wandeln: *metamorphoūsthai*) von einer Herrlichkeit zur anderen" (2Kor 3,18). Das heißt, in den verwandelten Christen sehen die anderen wie im Spiegel Christus selbst, haben diese sich doch wandeln lassen in das Bildnis (*cikōn*) Christi selbst.
Auf solche Wandlung beziehen sich die synoptischen Evangelien: Jesus habe Petrus, Jakobus und Johannes auf einen hohen Berg hinaufgeführt (*anaphérei* – so übersetzen die meisten), dort sei *Wandlung* geschehen (*metemorphōthe*), seine Verwandlung in himmlisches Licht; die Jünger hätten darauf Mose und Elija ins Gespräch mit Jesus eintreten sehen. Das heißt: die Jünger schauen auf einmal Gottes gesamtes Heilswerk, wie es in Jesus mündet. Freilich ist dabei kein Verweilen, sie müssen mit dem Geschauten vielmehr, geführt von Jesus, wieder in die Niederungen des täglichen Lebens hinabsteigen. Doch beachten wir: das griechische Wort für „hinaufführen" steht dort im Präsens: *er bringt oder trägt hinauf* (Mk 9,2ff Par). Tatsächlich geschieht dieses Hinauftragen der Jünger in jeder Eucharistiefeier.

(65) „Sie (die Jünger/Christen) ergreifen und werden ergriffen ... Dann sind wir die Verwandelten": *Rahner* (1985), 68.73

Einleitend zum hohen Dankgebet, von altersher *Anaphorá* (= ´Hinauftragung` – Nomen von *anaphérein*) genannt, werden die Christen auf Gottes Berg geführt, schauen den in Gottes Glanz verwandelten Christus, flankiert von seinen großen Vorläufern (und begleitet von den weise gewordenen Aposteln) in den biblischen Lesungen, dürfen schauend-betend kurz verweilen im Empfang der Kommunion, bis sie, von dieser Höhe wieder herabsteigend, mit Segen und Entlassung in ihre Welt zurückkehren, aber als selbst Verwandelte.
Von solcher Wandlung ist auch bei den Emmausjüngern die Rede: ihnen entflammt das Herz bei Jesu Schriftauslegung, sie erkennen ihn, den Gekreuzigten, aber zum Lebenden Verwandelten, als er das Brot mit ihnen bricht und ihre blinden Augen „eröffnet" werden. Selbst verwandelt – zu Tode betrübt von Jerusalem weggehend, jetzt „auferstehend" (*anastántes*) mit ihm und nach Jerusalem zurückkehrend – bezeugen sie „Der Herr ist wirklich auferstanden!" (Lk 24,30-35). Implizit bezeugen sie: Wir sind Zeugen, *denn* wir sind mitauferstanden mit ihm, durch ihn!
Solche Beobachtungen lassen erkennen, *„dass Christsein als solches Verwandlung ist, dass es Bekehrung sein muss und nicht irgendeine Verzierung zum übrigen Leben hinzu ... Je mehr wir selbst als Christen von der Wurzel her neu werden, desto mehr können wir das Geheimnis von Verwandlung überhaupt verstehen. Schließlich lässt solche Verwandelbarkeit der Dinge uns inne werden, dass die Welt selbst verwandelbar ist, dass sie als Ganzes einmal neues Jerusalem, Tempel, Gefäß der Anwesenheit Gottes sein wird"*.(66)

(66) *Ratzinger* (2005), 88; *Knauer*, 246

„Kommunion heißt *Anteil gewinnen* an der Leben schaffenden Wirklichkeit des auferstandenen Herrn, der darin ... uns hineinzieht in den offenen Raum ... seiner neuen Wirklichkeit“. Darum gilt: „Das *höchste Ziel* der Eucharistie ist *nicht* die *Verwandlung der Gaben*; die Gaben sind Zeichen dessen, was mit uns geschehen soll. Das höchste Ziel ist die *Verwandlung der lebendigen Menschen* in den Leib Christi ... Damit öffnet sich die Verbindung zum neutestamentlichen Text, der *´logike latreia`* in Röm 12,1, wo die Christen aufgefordert werden, ihre Leiber (d.h. sich selbst in ihrer irdisch geschichtlichen Existenz) als lebendiges, heiliges, Gott wohlgefälliges Opfer zu bereiten“. (67)

(67) *Ratzinger,* Eucharistie (1963), 72.96. Auch *Rahner* betont gegen individualistische Verengungen eindringlich den sozialen (ekklesiologischen) Gehalt der eucharistischen Kommunion: (1960), 73-78. Vgl. *2. Vat. Konzil*, Konst. Über die Liturgie Nr. 48; Dekret Dienst u. Leben der Priester Nr. 5! Auf evang. Seite *Härle*, 539; 558f! Als Wirkung der „Kommunion“ sehen *Luther* (Großer Katechismus), *Schmalkaldische Artikel, Augsburger Bekenntnis* vorweg die Sündenvergebung, indes der *Heidelberger Katechismus* die Eingliederung in den „Leib Christi“ hervorhebt (Nr.76/ 77). Beides verbindet die *Leuenberger Konkordie* (von 1973), zitiert u. kritisch beleuchtet bei *Welker,* 161ff. *W.* sieht in ökumenischen Gesprächen einen „Trend“ zur Verharmlosung der lutherischen Betonung der Sündenvergebung bei u. durch das Abendmahl. Darunter leide auch die Erkenntnis, dass Gott alle getauften Christen zur Abendmahlsgemeinschaft berufe (164ff). Vergl. *EKD*, Das Abendmahl, 34ff. 58!

Das 2. Vatikanische Konzil vermerkt diese praktisch-existenzielle Bedeutung der Kommunion zwar knapp, doch genau in seiner Liturgie-Konstitution: „Sie (die Christen) sollen Gott danksagen und die unbefleckte Opfergabe darbringen nicht nur durch die Hände des Priesters, sondern auch gemeinsam mit ihm und dadurch sich selbst darbringen lernen" (Nr. 48).(68)
Hier ist freilich zu ergänzen: die durch Brot und Becher vermittelte Selbstgabe Jesu an den „Vater" der Vielen willen geschieht nicht in eine leere oder offene Zukunft hinein. Paulus vermeldet kurz und bündig: „Wenn und sooft ihr dieses Brot esst und den Becher trinkt, verkündigt / proklamiert (ihr)(69) den Tod des Herrn, bis er kommt" (1Kor 11,26). Einen ausführlichen Vorspruch bzw. Nachspruch Jesu überliefern die synoptischen Evangelisten (Lk 22,15-20; Mk 14,25; Mt 26, 29), dass Jesus das Getränk des Weinstocks nicht mehr trinken werde, bis die Königsherrschaft Gottes, „meines Vaters" (Mt), kommt.

(68) Dt. Zitation nach *Rahner – Vorgrimler.* Schon nach *Gregor v. Nazianz* kann jeder Christ „nichts Größeres geben, als wenn er sich schenkt ... und um Christi willen alles wird, was jener unseretwegen geworden ist" (zit. bei *Casel*, 74). Ein auf die Liturgiereform folgendes Kirchenlied (von 1971) besingt diesen Zusammenhang: „Wer dies Geheimnis feiert, soll selber sein wie Brot ... Als Brot für viele Menschen hat uns der Herr erwählt" (Gotteslob Nr. 620). Also ist „Caritas" im Kult „selbst verankert" (*Benedikt XVI.*, 150).
(69) Die Verbalform *καταγγέλλετε* ist sowohl Indikativ Präsens (so wird in der Regel übersetzt) wie Imperativ (2. Pl.). Beide Bedeutungen spielen ineinander: Der Apostel erläutert den Gehalt der Eucharistie und verbindet damit die Aufforderung, in ihrer Feier solle die Proklamation des Todes Jesu geschehen.

Von Jesus her versteht sich die gesamte Feier-Handlung *auch* schon als gedenkenden Dank an Gott für Gottes *kommende* Herrschaft, deren (durch Jesu Tod gebrochene und zugleich besiegelte) Ankunft ER den Feiernden in Jesus gegeben hat (vgl. Mk 1,15).(70)

Gottes kommende Herrschaft wird in der Bibel unter dem Bild einer vollendeten Fest- oder Hochzeits-Mahlgemeinschaft verheißen, bei der Gott selbst Gastgeber ist (Ps 22,27; 145,15f; Jes 25,6; 55,1-5; Mk 6,30-44 Par; Mt 22,1-5; Lk 6,21; Joh 2,1-11; 6,27. 30-35. 48-58; JohApk 19,9;). Auf das Kommen Jesu, dessen Fleisch „wahre Speise", dessen Blut „wahrer Trank" ist, schaut die eucharistisch feiernde Gemeinde aus mit dem Ruf „Komm!" und feiert zugleich die jeweilige Gegenwart des Kommenden (1Kor 11,26; 16,22; JohApk 22, 20; Did 10,6).(71)

Die Rückbesinnung auf die biblischen Grundlagen und ursprünglichen Einsichten der frühen Kirche führen nun zu einem tieferen Ergebnis:

Wandlung besagt, dass, wer immer die Kommunion empfängt, gemäß seiner Offenheit (Würde) als „neues Geschöpf" hineingenommen wird in den Existenzakt Jesu

(70) Vgl. die Akklamation der Gemeinde in allen vier Hochgebeten: *Deinen Tod, o Herr, verkünden wir, und deine Auferstehung preisen wir, bis du kommst in Herrlichkeit*! Dazu: *Schillebeeckx* (1976), 273ff. Dieser Glaube ist auch in der orthodoxen Liturgie präsent. Hier ist „Gott ... der zu uns ununterbrochen im Gottesdienst Kommende, der ´Erchomenos` , der Allherrscher": *Metallinos*, 161

(71) Der heilszeitliche Bezug der Eucharistie wurde im 20. Jh. quasi wiederentdeckt und erwies seine sowohl soziale wie ökumenische Bedeutung: *2. Vat. Konzil,* Konst. Über die Kirche Nr.28; Konst. Über die Kirche in der Welt von heute Nr.38; *Gem. Synode* der Bistümer der BRD, Beschluss *Unsere Hoffnung* (1975), I 7-8; IV 4; *Gutierrez,* 246-267; *Thurian*, 14f; *Kahlefeld,* 77ff. 86f; *Lima*-Erklärung Eucharistie 2.4.6.18.20.22-26; *Welker,* 131-134

Christi, d.h. in Christi Selbst-Hingabe an den Vater (irdisch verendgültigt im Kreuzestod) um der Menschen willen und ihrer Erlösung aus allen Formen und Arten von Gefangenschaft und Tod (biblisch: Sünde = Gottferne).

Wer oder was gibt Anteil an Christi „Leib“ und „Blut“? Wer oder was setzt die Kommunizierenden in Gemeinschaft (communio) mit ihm? *Es ist der „Geistbraus“ (Martin Buber), Gottes Schöpfer-Geist,* der zuvor über die Gaben herabgefleht wird – er ist quasi die *´Substanz`* des verwandelten Christus, die ´Substanz` von „Leib“ und „Blut“ Christi, ist ihre von jenseits des Todes in der Gemeinde wirkende Wirklichkeit. In der Bibel, bei Paulus, ist „der Geist“ (ru^{a}ch, pneuma) Synonym für Dynamik, für göttlich-schöpferische Wirkkraft: „Auferweckt wird in Herrlichkeit, ... auferweckt wird in Kraft (dýnamis), ... auferweckt wird ein geistbegabter Leib (sōma pneumatikón); ... der letzte Adam [Christus] wird zum lebendigmachenden Geist (pneuma)“ (1Kor 15,43-45; 1Petr 3,18). *„Leib“ und „Blut“ Christi sind daher pneumatischer Art und vom Geist aus zu verstehen.*

Anmerkung: Die frühere Unterscheidungsbemühung zwischen „Aktualpräsenz“ und „Realpräsenz“ ist angesichts des *einen* Christus, des *einen* Geistes, der *einen* gedenkend-dankenden Eucharistie-Feierhandlung auf Gott hin entbehrlich.

In Christi Hingabeakt einbezogen, ist der kommunizierende Mensch berufen, diese Ver-*Wandlung* seiner innersten Existenz aktiv zu übernehmen: als Gestalt seines Lebens, es „in Christus“ eucharistisch, als von Gottes und Christi Geist geheiligte Oblate für die anderen zu gestalten.

In diesem Sinne soll er durch die Kommunion ein „Christó-pheros“, „Christus-Träger“,(72) werden und sein. Was aber besagt das, konkret gesprochen?

Das wurde in der Kirche schon früh meditiert, wenn gesagt wird: „Wir wissen, dass wir vom Tod zum Leben hinübergeschritten sind, weil wir die Brüder lieben. Wer nicht liebt, bleibt im Tod“ (1Joh 3,14). *Wandlung besagt* somit für die Kommunizierenden, aus der Todeszone hinüber geschritten sein in das volle Leben – über jene Brücke, die „Liebe“ heißt. Der Brief-Autor macht mehrmals deutlich, dass die Bruder-Liebe die *einzige* Brücke aus dem Tod zum Leben bildet. Andacht, Meditation, Versenkung, Studium, eifriger Kirchgang u.a. mögen den Schritt auf diese Brücke vorbereiten, ersetzen können sie die Liebe nicht, wie auch Paulus betont (1Kor 13,1-3.13).

(72) Diese Sinn-Bestimmung der Kommunionempfangs legt nahe: die Kirche kann die „Kommunion nicht in den umgrenzten Minuten der Messe zu Ende feiern“: *Ratzinger* (2005), 90f. Die großen Kirchen sind heute einig, dass die „Realpräsenz Jesu Christi ... nicht vom gemeinsamen Akt des Essens und Trinkens getrennt werden kann“ (*EKD*, 27). Doch glauben sie auch an die *bleibende,* nicht Zeit-gebundene Gegenwart des erhöhten Herrn: *Ratzinger* ebd.

So könnte Verständnis wachsen, dass Kommunikanten als „Christus-Träger“ in ehrfürchtiger Vergewisserung ihrer Berufung betend des gegenwärtigen Herrn gedenken unter Zeichen wie exponierte Hostie, Tabernakel, „ewiges Licht“, Kreuz, aufgeschlagene Bibel, Christus-Ikone usw. Theologie verstand sich am altkirchlichen Ursprung als Synthese aus Gebet und Erfahrung: *H.-J. Röhrig*, „Geheimnis des Glaubens“: Herder-Korrespondenz 58 (2004), 90f

Ich kann dich nicht haben
in Andacht und Schweigen
und heimtragen
nach Haus,
als wärst du mein eigen.
Im Mahl deiner Gaben
drängst du aus mir
zu den andern.
Ich kann mich nicht haben,
mir selber gehören,
wo du mich
umgibst.
Du kommst, mich zu lehren,
wie sehr du
in deiner Ankunft in mir
meine Brüder und Schwestern
liebst.

(Silja Walter, zu Apg 4,32)

Doch ist auch das Wort Liebe noch vieldeutig, kann zur Leerformel oder bloßen Lippenformel entarten. Daher bedarf es stets der Erinnerung an die Praxis, die hier und heute erforderte Praxis der Liebe. Was den Apostel Paulus am Gemeindeleben seiner korinthischen Christen erschreckt, ist die Spaltung der Gemeinde in die Habenden und die Habenichtse, die sich beim Brudermahl (*Agape*) offenbart, wo die Begüterten rücksichtslos gegen die Armen ihr Mitgebrachtes für sich verzehren, statt miteinander zu teilen, darin aber in sündigen Widerspruch zur Eucharistiefeier treten und die Wandlung – als Geschenk wie als Berufung – durch ihr Verhalten desavouieren (1Kor 11,20-34).

Hier zeigt sich eine ständige Gefahr für die kirchliche Eucharistiefeier. Sie darf „nicht in sich selbst noch einmal die sozialen Gegensätze unserer Welt einfach widerspiegeln". Andernfalls erscheine „vor den Augen der Welt das Ärgernis einer Kirche, die in sich Unglückliche und Zuschauer des Unglücks, viele Leidende und viele Pilatusse vereint"! So hatte das bleibend aktuelle Dokument „Unsere Hoffnung" (von 1975: Würzburger Synode) eindringlich gewarnt (IV,3). Deshalb könne christliche Liebe „nicht Auseinandersetzungen aus dem Wege gehen", vielmehr mühe sie sich – so *Gustavo Gutierrez* im Blick auf die sozialen Gegensätze in Lateinamerika –, „in Solidarität mit den Unterdrückten auch die Unterdrücker von ihrer Macht, ihren Ambitionen und ihrem Egoismus zu befreien".(73) Die durch Kommunion mit Christus Verwandelten werden, beseelt von der „Dynamik des Provisorischen",(74) die „Gewalt der Friedensstifter"(75) entwickeln, Ursachen und Bedingungen sozialer Ungerechtigkeiten und Leiden erforschen, alsdann auf sachkundige Veränderungen hinwirken. Sie werden daran arbeiten, auf allen Stufen – soweit ihnen gegeben – den Geist der Armut zu leben, das heißt, den Geist der Solidarität, des Teilens der Güter: der materiellen, der seelischen, geistigen und ästhetischen Güter. Sie werden „in Christus", als Mitarbeiterinnen und Mitarbeiter Gottes, nach Art ihrer Be-Geisterung, ihr Teil beitragen zur Verwandlung der Welt, zu einer „neuen Erde" unter einem „neuen Himmel".

Helder Câmara, der unvergessliche Erzbischof von Recife in Nordost-Brasilien, formulierte das Fazit in einer seiner mitternächtlichen Meditationen wie folgt:

(73) Theologie der Befreiung, 263
(74) *Schutz* (1967), 57-65
(75) *Schutz* (1968), 183-220

Die Kommunion
- die sich durch den ganzen Tag hinzieht -
bringt mich in innige und tiefe Berührung
mit allen Menschen.
Ich setze mich hinweg über die Schranken
von Sprache, Rasse, Religion,
Ideologie.
Die Kommunion
verbindet mich
mit der ganzen Schöpfung.
Ich bin Bürger von Mars und Saturn.
Mit allen Gestirnen,
allen Gewässern,
allem Gestein,
allem Gewächs,
allem Getier
verknüpft.
Mit den Räumen und den Wüsten,
dem Licht und dem Schatten,
dem Lärm und der Stille,
der Tugend und der Sünde!
Ohne Grenze! Ohne Schranke!
Ich gehe, wohin du gehst,
im Eifer, die Vielfalt zu überwinden,
um sie Dem einzuverleiben,
Der Eins ist.
(Helder Câmara, Mach aus mir einen Regenbogen)

Literaturhinweise

Bachl, G., Eucharistie – Essen als Symbol? (Zürich-Einsiedeln-Köln 1983)

Bachl, G., Eucharistie – Macht und Lust des Verzehrens (St. Ottilien 2008)

Berger, R., Kleines Liturgisches Wörterbuch (Freiburg-Basel-Wien 1969)

Betz, J., Die Eucharistie in der Zeit der griechischen Väter (Freiburg i.Br. 1955)

Betz, J., Die Identität zwischen Gabe und Person, in: Rhein. Merkur Nr.8 (25.2.1977), S.31

Burkert, W., Antike Mysterien, in: Bibel und Kirche 45 (1990), 118-124

Casel, Odo, Das christliche Kultmysterium (Regensburg [4]1960)

Cochem v., M., Das heilige Meßopfer (Einsiedeln u.a. [2]1928)

Dassmann, E., Kirchengeschichte I (Stuttgart-Berlin-Köln 1991)

Eichrodt, W., Theologie des Alten Testamentes II/III (Stuttgart-Göttingen [5]1964)

EKD (Hg), Das Abendmahl. Eine Orientierungshilfe zu Verständnis und Praxis des Abendmahls in der ev. Kirche (Gütersloh [2] 2003)

Emile, Fr., L`eucharistie et les premiers chrétiens (Les Cahiers de Taizé Nr.7, Taizé 2008)

Fischer, H., Gemeinsames Abendmahl? (Zürich 2009)

Fischer, J.A. (Hg), Die Apostolischen Väter (gr-dt. München [8]1981)

Fischer, K.P., „Heute, wenn ihr Seine Stimme hört“ (Wien 1998)

Fischer, K.P., Gottes-Dienst im Alltag. Der Apostel Paulus – Vordenker des Christentums (Trier 2009)
Flasch, K., Kampfplätze der Philosophie (Frankfurt/M. 2008)

Friedenthal, R., Luther (München [7]1996)
Frieling, R.. – Schöpsdau, W., Lehrverurteilungen damals und heute – Ev. Arbeitshilfe zum Ergebnis der Gemeinsamen Ökumenischen Kommission (Göttingen 1987)

Garijo-Guembe, M.M^a., Die Eucharistie nach römisch-katholischem Verständnis, in: *ders.,/ J. Rohls / G. Wenz,* Mahl des Herrn. Ökumenische Studien (Frankfurt/M. - Paderborn 1988), 9 - 103
Gerken, A., Theologie der Eucharistie (München 1973)
Gnilka, J., Das Evangelium nach Markus, EKK II/1 u. 2 (Zürich/Einsiedeln – Neukirchen-Vluyn 1980)
Gutierrez, G., Theologie der Befreiung (dt. München-Mainz [2]1976)

Härle, W., Dogmatik (Berlin-New York [2]2000)
Hintzen, G., Neue Deutungsversuche der eucharistischen Wandlung: Bibel und Kirche 4/1977, 112-119
Hossfeld, F.-L., Versöhnung und Sühne, in: Bibel und Kirche 41 (1986)
Hübner, S., „Das ist mein Leib“ - Zu den katholisch-evangelischen Unterschieden im Verständnis der Eucharistie, in: Christi Spuren im Umbruch der Zeiten. FS für Bischof J. Wanke (EThSt 88 – Leipzig 2006)

Jeremias, J., Die Abendmahlsworte Jesu (Göttingen [3]1963)
Johannes Paul II., Enzyklika „Ecclesia de eucharistia“ (dt. Bonn 2003)
Jungmann, J.A., Missarum Sollemnia I + II (Wien-Freiburg-Basel [5]1962)

Jungmann, J.A., Der Gottesdienst der Kirche (Innsbruck-Wien-München [3]1962)
Jungmann, J.A., Glaubensverkündigung im Lichte der Frohbotschaft (Innsbruck-Wien-München [2]1963 [[1]1936])
Jungmann, J.A., Messe im Gottesvolk (Freiburg-Basel-Wien 1970)

Kahlefeld, H., Das Abschiedsmahl Jesu und die Eucharistie der Kirche (Frankfurt/M. 1980)
Kirchgässner, A., Geschichte der Kulte und Riten [= Die mächtigen Zeichen] (Erftstadt [2]2005)
Knauer, P., Der Glaube kommt vom Hören – Ökumenische Fundamentaltheologie (Freiburg-Basel-Wien [6]1991)
Küng, H., Die Kirche (Freiburg-Basel-Wien [2]1968)
Küng, H., Das Christentum (München-Zürich [2]1994)

Lehmann, K., / Pannenberg, W., Lehrverurteilungen – kirchentrennend? (Freiburg/Br. - Göttingen 1986)
Lindemann A., Paulsen H., Die Apostolischen Väter (gr-dt Tübingen 1992)
Lohfink, G., Der letzte Tag Jesu (Stuttgart [2]2007)
Lortz, J., Die Reformation in Deutschland II (Freiburg-Basel-Wien [6] 1982)
Luz, U., Das Evangelium nach Matthäus EKK I/2 (Zürich/ Braunschweig – Neukirchen-Vluyn 1990)

Metallinos, G.D., Leben im Leibe Christi (Athen 1990)

Noth, M., Das 3. Buch Mose / Leviticus (ATD 6 Göttingen-Zürich [5]1985)

Pesch, O.H., Die Sakramente, in: *J. Feiner / L. Vischer* (Hg), Neues Glaubensbuch (Freiburg / Zürich [6]1973), 570-590
Pesch, O.H., Eucharistie heute: Bibel und Kirche 4/1976, 102 – 112

Pesch, O.H., Katholische Dogmatik aus ökumenischer Erfahrung I/1 (Ostfildern 2008)
Pesch, R., Wie Jesus das Abendmahl hielt (Freiburg-Basel-Wien ^{2}1978)
Power, D.N., The Eucharistic Mystery (New York 1994)

Rahner, K., Kirche und Sakramente (Freiburg-Basel-Wien 1960)
Rahner, K., Schriften zur Theologie VIII (Einsiedeln-Zürich-Köln 1967)
Rahner, K., Über die Sakramente der Kirche (Freiburg-Basel-Wien 1985)
Rahner, K. - Vorgrimler, H., Kleines Konzilskompendium (Freiburg-Basel-Wien 1966)
Ratzinger, J., Die Lehre von der Eucharistie (Vorl.-Nachschr. Münster 1963)
Ratzinger, J., Gott ist uns nah – Eucharistie: Mitte des Lebens (Augsburg ^{2}2005)
Ratzinger, J. = Benedikt XVI., Jesus von Nazareth II (Freiburg-Basel-Wien 2011)
Richter, Kl., Was ich von der Messe wissen wollte (Freiburg-Basel-Wien 1983)

Sattler, D., Das Opfer Jesu Christi im eucharistischen Gedächtnis, in: Bibel und Kirche 49 (1994), 150-155
Sattler, D., Das ist mein Leib und mein Blut. Ökumenische Besinnung auf die Verheißung Jesu Christi im Abendmahl (Vortrags-Manuskript Heidelberg 3.12.2010)
Schillebeeckx, E., Eucharistische Gegenwart (dt. Düsseldorf 1967)
Schillebeeckx, E., Jesus. Die Geschichte von einem Lebenden (Freiburg-Basel-Wien ^{3}1976)
Schillebeeckx, E., Christliche Identität und kirchliches Amt (dt. Düsseldorf 1985)
Schlink, E., Ökumenische Dogmatik – Grundzüge (Göttingen ^{2}1985)

Schürmann, H., Jesu ureigener Tod (Freiburg-Basel-Wien [2]1975)
Schutz, R., Dynamique du provisoire, dt. Dynamik des Vorläufigen (Freiburg-Basel-Wien 1967)
Schutz, R., Violence des pacifiques (Taizé 1968)
Semmelroth, O., Eucharistische Wandlung – Transsubstantiation, Transfinalisation, Transsignifikation (Kevelaer 1967)

Söding, Th., Eucharistie und Mysterien, in: Bibel und Kirche 45 (1990), 140-145

Theobald, M., Das Herrenmahl im Neuen Testament: Theol. Quartalschrift 183 (2003), 257-280

Thurian, M., Die eine Eucharistie (dt. Mainz 1976)
Tyciak, J., Gegenwart des Heils in den östlichen Liturgien (Reihe SOPHIA Bd.9, Freiburg/Br. 1968)

Verweyen, Hj., Fragen aus der Kirche an die Kirche (Erzb. Ordinariat Freiburg/Br. 2011)

Volz, P., Die biblischen Altertümer (Dreieich 1989 – Nachdr.)

Walter, S., Das Wort ist Brot geworden – Kommunionpsalter (Freiburg-Basel-Wien 1992)
Welker, M., Was geht vor beim Abendmahl? (Stuttgart 1999)
Wolff, H.W., Anthropologie des Alten Testaments (München [5]1990)

ZUM AUTOR

Klaus P. Fischer, geb. 1941 in Stuttgart, studierte Klassische Philologie, Philosophie und Theologie in Tübingen, Innsbruck, Paris und Frankfurt/M. Theologische Promotion am Institut Catholique de Paris bei Henri Bouillard SJ über die Anthropologie Karl Rahners ("Der Mensch als Geheimnis").

Mitglied des Oratoriums des hl. Philipp Neri in Heidelberg.

Langjährige Tätigkeit in Pastoral, Religionspädagogik, Klinik-Seelsorge, Erwachsenenbildung, Kirchl. Rundfunkarbeit u.a.m. Diverse Veröffentlichungen zu Themen des Glaubens und christlicher Welt-Anschauung, wie *Gott und Teufel, Gott und Schicksal, Schöpfung - Naturwissenschaft, Tod und Auferstehung, Eucharistie und Abendmahl, Mensch - Gott - Kirche, u.a.m.* Lehrbeauftragter für Katholische Theologie an der Evangelisch-Theologischen Fakultät der Universität Heidelberg.

Verwandlung
von Klaus P. Fischer

128 Seiten, € 11,90
Adlerstein Verlag
ISBN: 978-3-945462-33-1

"Verwandlung" ist ein wichtiger Begriff der Bibel: Gott wendet ein Geschick oder verwandelt Klage in Tanz; Jesus verwandelt Wasser in Wein; Christen sollen sich wandeln lassen zu neuem Denken (Paulus).
Katholische Christen kennen den Begriff "(Ver-)Wandlung" vor allem als Zentralbegriff der Eucharistiefeier. Erfahrungsgemäß tun sich aber viele schwer mit metaphysischen Vokabeln ("Wesen", "Substanz"), die für die Erklärung heran gezogen werden. Vielleicht lässt sich das, was die kirchliche Lehre meint, auch in einer mehr biblischen Denk- und Sprachform darstellen.

Gott als Geheimnis des Menschen

Annäherungen an Karl Rahner
von Klaus P. Fischer und Siegfried Hübner

372 Seiten, € 29,90
Adlerstein Verlag
ISBN: 978-3-945462-28-7

Zwei Schüler aus Karl Rahners Innsbrucker Zeit legen hier einige ihrer Studien über Aspekte seiner Theologie - im Laufe vieler Jahre verstreut veröffentlicht und heute schwer greifbar - gesammelt in einem Band vor.
Sie werden unverändert und ungekürzt dargeboten, sie spiegeln so jeweils auch die Zeit der Kirche.

Die Beiträge verlangen manche "Anstrengungen des Begriffs", bieten aber auch jene Hilfen im Glauben und zum Glauben, wie sie ein Kernanligen Karl Rahners war.

Das Geheimnis lasst uns künden

Glaubensgespräche heute oder „Öffnung des Herzens“ an „verhülltem Tag“
von Rudolf Hubert

52 Seiten, € 5,90
Adlerstein Verlag
ISBN: 978-3-945462-16-4

Der Autor bezieht sich hier auf das Einführungskapitel „Die Öffnung des Herzens“ in Karl Rahners Buch „Von der Not und dem Segen des Gebetes“. In ihm geht es um Selbstkonfrontation, um Besinnung auf das Wort und Selbstverständnis des heutigen Menschens. Glauben und Leben, Denken und Fragen bilden eine untrennbare Einheit.

„Verhüllter Tag“ weist auf die autografische Schrift „Bekenntnisse eines Lebens“ von Reinold Schneider hin.

Traum leben -
Raum geben
Plädoyer für eine
offene Gesellschaft
von Rudolf Hubert

52 Seiten, € 5,90
Adlerstein Verlag
ISBN: 978-3-945462-83-6

„Das Abendland .. hat in der Zerreißung der Einheit der Christenheit, in der Anbetung des Goldenen Kalbes, in dem Hochmut der glaubenslosen Vernunft, in der selbstsüchtigen Tyrannei, mit der es die Welt an sich reißen wollte, und zuletzt noch in der Verbiegung des Kreuzes Christi zum Hakenkreuz als Ganzes den Auftrag Gottes verraten."
Karl Rahner, „Von der Not und dem Segen des Gebetes", Freiburg 1958, S. 148.

Gebete und Meditationen

Beten in Gemeinschaft
anderer Beter
von Rainer Brunst
und Rudolf Hubert

76 Seiten, € 6,90
Adlerstein Verlag
ISBN: 978-3-945462-90-4

„Nur wenn wir es fertigbringen, zu begreifen und zu leben, dass Gott nicht als unsere langsam als solche durchschaute Projektion (ist), sondern wir selbst die in Eigenstand und Freiheit gesetzten Projektion Gottes sind, nur wenn uns dies gelingt … erfahren wir die Macht der Botschaft vom lebendigen Gott.“ (Karl Rahner)

Christus in postmoderner Zeit

Mythen und Symbole im Sprachspiel des Glaubens
von Klaus P. Fischer

140 Seiten, € 12,90
Adlerstein Verlag
ISBN: 978-3-945462-89-8

Das Christentum – meinen viele – komme aus einem längst vergangenen mythischen Weltbild und könne dem Menschen einer naturwissenschaftlich-technischen Welt nichts Gültiges mehr sagen. Allenfalls brauchbar seien Impulse seiner Ethik, aber ohne den 'ideologischen Überbau'. Diese Denkart spiegelt eine äußerst verkürzte Sehweise, der die Vielschichtigkeit und Hintergründigkeit der Welt entgeht, welche aber von Dichtung, Musik, Bildender Kunst und Religion wahrgenommen und dargestellt wird.

Die mythisch-symbolische Sprechweise der Bibel, des christlichen Glaubens verwahrt Erkenntnisse und Einsichten von größerer Bedeutung für die menschliche Existenz; diese wäre ohne die archaische Form quasi unaussprechlich und nicht mitteilbar. Dieses Buch möchte Suchende anleiten, sich der Tiefgründigkeit von Glaube und Welt mutig zu nähern.

Was wir als Christen von Anderen lernen können
von Siegfried Hübner

80 Seiten, € 7,90
Adlerstein Verlag
ISBN: 978-3-945462-12-6

„Hier geht es konkret um die Frage, die wohl eine zeitlose Aktualitat hat: ob nicht die Kirche und wir Christen noch mehr und intensiver selbst Lernende sein müssten. Hübner greift damit die Intention von Papst Johannes XXIII. auf, die ihn bewog, das 2. Vatikanische Konzil einzuberufen. Der Papst war davon überzeugt, dass die Kirche nicht nur Lehrerin der Völker ist, sondern dass sie selbst auch lernende Kirche sein muss. Sie muss sich **verheutigen**, um besser von dem reden zu können, was die Mitte ihres Auftrag ist: das Evangelium unseres geweiteten Wissens- und Erfahrungshorizontes der Menschheit heute zu geben. Kurz: Es bedarf eines gereiften, lernbereiten, gleichsam erwachsen gewordenen Glaubens, der auf der Höhe der Zeit und ihres Denkens ist, um besser zu verstehen, was Andere, nicht zuletzt auch Nichtglaubende bewegt.“ + Joachim Wanke, Bischof von Erfurt